教師のための
コーチング術

八尾坂 修／片山 紀子／原田 かおる 著

ぎょうせい

はじめに

　「子どもに対して，『それはこうだろう！』と強く言っても伝わらなくなった」。けれども「カウンセラーのようにやさしく子どもの相談にのっても，やっぱりなんだか違う」。先生方からこんな声を聞くことが多くなりました。

　かつてのように先生が子どもに上から強く言うと，子どもはそっぽを向いてしまうようです。その反対に，子どもに反感をもたれないようにと，真綿でくるんだような言い方をしても，子どもの心には届かないようです。

　子どもを指導することは，先生にとって，仕事の一環であり，毎日のことです。でも，叱ったり説諭したりするのは，なかなか難しいですね。おそらく熱心な先生であればあるほど子どもへの指導について，「どう伝えたらよいのだろう」と，あれこれ悩むのではないでしょうか。

　そんな中，今，管理職の先生方を含め，教育現場からコーチングへの期待が高まっています。コーチングに関しては，すでに多くの本が出ていますが，先生方からは学校現場で使おうとしても，なかなか使いづらいという声がありました。そこで本書では，学校の先生が子どもを指導する場面を，あるいは保護者と向かい合う場面を，さらには管理職が一般の先生方と向かい合う場面をイメージし，内容を構成しました。

　管理職の先生方を含め，多くの先生方に学校生活の中で存分に本書を活用していただけたら，執筆者一同大変嬉しく思います。

　平成28年4月

片山紀子

教師のためのコーチング術

●目次●

はじめに

第1章　変わる教師の指導法 ——————————— 1
1 これまでの生徒指導／2 変化する子どもの姿／3 保護者の変化／4 ティーチング・カウンセリング・コーチング／5 21世紀型能力とコーチング／6 学校現場で求められるコーチング

第2章　コーチングのすすめ ——————————— 11
1 役に立つコーチングに／2 コーチングは練習・練習・練習／3 絵に描いたもち／4 ミラクルクエスチョン

第3章　コーチングとは ——————————— 16
1 コーチングの歴史／2 コーチングは双方向コミュニケーション／3 三つの基本的哲学

第4章　傾聴する ——————————— 21
1 コーチングの流れ／2　実現可能な目標設定の方法／3 信頼を構築する傾聴／4 教員研修会で／5「聴く」ことの力を感じた事例

第5章　承認する ——————————— 28
1「ほめる」より「事実承認」／2 事実承認と結果承認／3 アイメッセージとユーメッセージ

第6章　質問する ——————————— 34
1 自発性を育てる質問／2 クランアントによる選択／3「質問」には「質問」で

第7章　スケーリング ———————————————— 40
　　　　1　スケーリングとは／2　スケーリングの進め方／3　スケーリングを使った例／4　スケーリング・ワーク

第8章　ソリューション・フォーカス（解決志向） ———— 48
　　　　1　ソリューション・フォーカス（解決志向）とは／2　なぜソリューション・フォーカスなのか／3　解決志向の「肯定質問」／4　「問題解決」と「解決構築」／5　「プロブレム（問題）」と「ソリューション（解決）」ワーク

第9章　機能するコーチングに ———————————— 62
　　　　1　コーチとしての在り方／2　自己肯定感を育てる／3　意味づけを変える／4　「問題モード」を「解決モード」へ／5　困ったことは外在化で解決（困った症状にニックネーム）／6　外在化によるコーチング事例／7　目標設定は「ど」で始まる質問から

第10章　クライアントのタイプ ———————————— 72
　　　　1　ビジターとは／2　コンプレイナントとは／3　カスタマーとは

第11章　子どもの個別指導 —————————————— 75
　　　　1　いじめに／2　不登校に／3　非行少年に

第12章　コーチングはゆったりと ——————————— 82
　　　　1　プロローグ／2　男子高校生のコーチングで

第13章　場面別指導事例Q&A ————————————— 86
　　　　1　いじめを行う子どもに／2　不登校の子どもに／3　非行少年に／4　やる気の見られない子どもに

第14章　教室でのコーチング ——————— 92
1 コーチングによる言語化／2 学級経営に生かすコーチング／3 教室でコーチングを行う際に用いるテクニック

第15章　保護者に用いるコーチングQ&A ——————— 98
1　個別相談その1／2　個別相談その2

第16章　スクールリーダーのコーチング ——————— 102
1 先生に期待されるコーチング資質能力／2 コーチングとしてのリーダーシップ／3 サーバント・リーダーシップの考えと学校リスク対応／4 コーチングによる学校・保護者リスク対応

第17章　人を信じて ——————— 117
1 期待すれば人は伸びる／2 指示は「一度に一つ」／3「すみません」より「ありがとう」／4 効果的な叱り方／5 自分の考えを人に伝える力／6 量が質を凌駕する／7 メンタルブロックを解いて

あとがき

イラスト／エスプリ

COACHING

第1章

変わる教師の指導法

Noriko Katayama

　コーチングは，単なるスキルではありません。「子どもの態度を改善させる」とか，「子どもの目標を達成させるんだ」といった，子どもを都合のよいようにコントロールしようとするためのものでもありません。

　また，「こういう質問の仕方をするといいよ」「こういうところをこういう風にほめればいいよ」「アイメッセージで伝えたらいいよ」という上から目線のスキルでもありません。

　コーチングは，単にそのスキルだけを学んでも機能しないのです。コーチとなる先生にとって，コーチングすることの真髄は，自分自身を俯瞰しながら冷静に外から眺めることにあります。

　先生方が，自分自身を外から眺め，コーチング的なアプローチができるマインドを身につけることが一番大切なことであり，結局はそれがコーチングへの近道になります。

　大変難しいことではありますが，先生方の中にその「軸」さえできあがれば，コーチングのスキルは自ずとあとからついてきます。

　では，まずはこれまでなされてきた生徒指導を振り返り，子どもや保護者の姿がどう変化したのか，見てみましょう。

1　これまでの生徒指導

　かつては，子どもを指導する際に，先生の方から一方的に説教（説諭）を行うのが常でした。もちろん，教え諭すこと自体は指導するうえで必要なこ

とですが，それも長くなると子どもはそのことにそれほど集中しきれるわけではないので，頭の中では別のことを考えていたりもします。

　先生が一方的に説教するという究極の指導法が，2012年12月にバスケットボール部キャプテンであった高校生が自ら命を落とす事件のきっかけとなった，いわゆる「体罰」という指導法かもしれません。周知のように体罰は，「学校教育法」第11条によって禁じられています。1980年代以降徐々にその行使数は減ってはいたのですが，最後まで学校に残っていたのが部活動の中での体罰だったのではないでしょうか。

　部活における体罰は学校現場で保護者を含め，比較的寛容に受け止められる傾向にあったのです。なぜならば，子どもは担任として特定の先生を選ぶことはできませんが，部活動では子どもが自らその部活を選んで入部してきているため（部活の顧問を選んでいるわけではありませんが），多少厳しい指導をしても子どもはついてくるものだと先生の側が勝手に思い込むなど，勘違いしやすかったためです。

　保護者も子どもが自らその部活に入っているという事実やそのスポーツで強くなることを願っていることなどがあって，多少の体罰は許容の範囲だと考える傾向にありました。

　子どもの立場からすると，単純に「そのスポーツがやりたい」あるいは「うまくなりたい」といった動機で入ったにすぎなかっただけなのでしょうが……。

　確かに，体罰にはすぐにその効き目が表れる「即時効果」や周囲の者に対する「見せしめの効果」など，集団の規律を維持する必要のある先生にとって魅力だと思われる部分がたくさんあります。だからこそ，禁じられていても長い間使われ続けてきたわけです。

　しかしながら，体罰は，何よりも自殺を含めて死亡や怪我のリスクが高く，学校が第一に保障しなければならないはずの子どもの安全が保てません。

　先生の感情が高ぶった状態で，体罰を用いて子どもに訴えても，内面に訴えることは難しいですし，子どもはその場しのぎで先生に従うだけで，深く

自分の行動を振り返ることはできません。

とはいえ，子どもを叱ったり，導いたりすること自体は教育には欠かせません。発達の途中にいる子どもは迷い，過ちを繰り返しながら成長していくものだからです。

そこで今必要とされているのが，コーチングです。コーチングでは子ども自身に考えさせることを大切にしています。

子どもは叱ったり，導いたりされる存在ではありますが，とはいえ，いつまでも，大人の助けを借りて生きていくことなどできません。やがては，それぞれが自分のことは自分で決めて，自立して生きていかなくてはならないのです。そうした自己指導能力を養うためにも，先生が一方的に指導するのではなく，子ども自身に考えさせていくことが重要なのです。

2　変化する子どもの姿

(1) 内にこもる子ども

コーチングが必要とされるようになってきた背景に，子どもの姿が変化していることが挙げられます。時代が変化すると，それとともに社会の枠組も変容し，それに応じて子どもの姿も変わります。

校内暴力や暴走族に代表されるような非行のピークは，石油ショック以降の1983（昭和58）年頃がピークでした。いわゆる「遊び型非行」と呼ばれていた時代で，興味本位やスリルを求めるなど遊び感覚の非行が中心でした。

その後の非行のピークは，1998（平成10）年から2003（平成15）年頃です。非行が一般化し，低年齢化してきたのが特徴で，一般的な家庭で育った普通の少年に見える少年が，突然，非行を犯すように見えるので「いきなり型非行」と呼ばれています。またインターネット等で情報が得られやすくなり，すぐに同じ手口でまねをしてしまう「模倣型非行」も目立ちました。

ところが近年，少年非行は激減しています。刑法犯で検挙された少年（14歳以上20歳未満）の数は，非行の第三の波に相当する1982年には，同年齢層

の少年1,000人当たり18.8人であったのが，2014年では6.8人と半分以下にまで減少しており，一貫して減り続けているのです。

　子どもの姿に目を向けると，家庭教育の脆弱化やネット依存から生じる人間関係の希薄化と相まって，物理的であるか精神的であるかは別にして，内にこもる子どもが増えています。

　携帯電話やゲーム機，パソコンといったデジタル環境に囲まれ，その中でデジタルライフを満喫してきた今の子どもたちは，デジタル機器とそれに付随する擬似的な世界にエネルギーを注ぐ傾向にあり，生身の自分が傷つくことは極端に怖れ，ありのままの自分をさらけ出したり，自己開示したりすることを苦手とします。

　失敗することをできる限り避けようとする側面が強いため，友達の前では，ペルソナ（仮面）で覆いながら過ごす子どもも珍しくありません。メールやSNSで一見多くの他者と繋がっているかのように見える子どもも，一人ひとりは孤独を感じているのかもしれません。このように育った子どもたちは，人間関係が非常に希薄で，2～3人の極めて小集団で群れることを好みます。

　突然に暴力行為に至る点も近年の子どもの特徴です。自分の意に反した時，あるいは不都合なことが生じた時，どう対応すればよいのかうまく身についていない子どもが増え，暴力行為の前段階として怒りの感情表現や言語表現がうまくなされないので，子どもが怒っていることが読み取りにくく，大人から見ると急に暴力を振るうように見えるのです。

　目に見える形で内にこもる不登校は，もはや常態化したものとなっており，その後成人になってもひきこもりという形で内にこもった状態が継続する姿も珍しいものではありません。

（2）進む子どものダイバーシティ

　さらに近年，特徴的なこととして挙げられるのが，子どものダイバーシティ（diversity:多様性）の顕在化ではないでしょうか？　ダイバーシティ

とは，一般には幅広く性質の異なるものが存在することを指して，まさに多様で差異のある状態のことです。

筆者（片山）は以前，小学校の教室を参観していた折，教室の中にいる子ども一人ひとりがあまりにも違っていることに愕然とした経験があり，それが子どものダイバーシティを考えるきっかけとなりました。

身体的な発達や学習の理解についてはもちろん，それ以外にも表情，話す言葉，行動様式，意欲など多方面にわたって違いが大きく，さらにはその違いが大きすぎて，その教室が例えば多人種・多民族から構成されているアメリカの教室などではなく，日本のごく普通の教室であることに愕然としたのです。

同時に，その子どもたちを指導する先生方の毎日を想像し，その指導はいかほどに難しいのだろうと，あれこれ思いを巡らせてしまいました。子どもたちのダイバーシティが以前に比べて増しているように感じたのですが，みなさんはこの点いかがでしょうか？

その背景には，子どもの生活の基盤である家庭の多様化が進んでいる現実があります。保護者が親として子どもに目を向けるよりも，自分自身の欲求を優先し，広義の意味でネグレクトしているような家庭もあります。こうした状況下にある子どもは，「自分をもっと見てほしい」という切なる思いを胸に秘めながら生活し，学校に来ています。

このような子どもの変容に伴い，かつてのような，例えば体罰のような力で圧するやり方では，子どもに響かないどころか，逆効果にしか働かなくなっているのです。

3　保護者の変化

近年，「モンスターペアレント」という形で，保護者が批判されることがありますが，親の姿も以前とは変わってきています。

気になるのは，ネグレクトまでは至らなくとも，保護者自身に子どもの保

護者であるという意識が極端に弱く，自分のことのみに夢中で，自分の子どもに目が向かない保護者の姿です。もちろん経済的理由で，子どもに関心を向けたくても，その余裕がない保護者もいます。

　また，それとは反対に，子どもに関心がありすぎて，過度に子どもに介入しすぎるケースも珍しくなくなっています。学校にまで過剰に介入してくるケースも増え，職員室の電話が頻繁に鳴るため，先生方はその対応に多くの時間を費やさなくてはならないそうです。先生方にインタビューすると，保護者自身が大人になりきれていない傾向が目立つと言います。

　家庭の経済状態や家族の状態，生活スタイルや嗜好性の多様化によって，保護者のダイバーシティも進行しています。

　貧困や虐待の問題が学校に直接影響するようになってきており，こうした保護者のダイバーシティは，今後ますます表面化することが予測され，多様な保護者と対峙する力を備えることが，先生には求められるようになってきました。

4　ティーチング・カウンセリング・コーチング

（1）カウンセラーと学校の先生は違う

　随分前から先生方にも，カウンセリング・マインドと呼ばれるものが必要だと言われるようになってきました。カウンセリング・マインドとは，ロジャースの来談者中心療法（非指示的療法）に由来するもので，子どもの気持ちに共感しながら，関心を持って聞くという，その姿勢を言います。

　学校の先生はカウンセラーではないのですが，こうしたカウンセラーに見るような共感的姿勢が必要だと言われるようになったのです。

　しかしながら，そもそも，先生とカウンセラーとでは，その特性が根本的に異なります。カウンセラーの仕事はカウンセリングで，子どもや保護者から相談を受け，その人の立場を十分に理解していく関わり方をします。

　一方，先生の仕事はティーチングで，子どもたちを自分の教育目標に基づ

いて導いていくリーダーとしての姿勢を示さなければいけません。

　先生が無理にカウンセラーのように接しようとすると，目の前にいる子どもに対して自然に思ったり，感じたり，考えたことを，心の中で押し殺そうとしてしまいます。

　子どもの側からしても，先生の思いを感じ取ることができず，がっかりしたり，傷ついたりしてしまうのです（吉田2007）。つまり，先生とカウンセラーとではその職務や子どもへの関わり方が異なるのです。

（2）ティーチングの特徴

　教育は英語で言うとeducationになります。英語のeducate(教える) という言葉の語源は，ラテン語にあってその本来の意味は「引き出す」というふうに言われています。伊藤ら（2010）によれば，そこには「鋳型にはめる」という意味もあるそうです。つまり，その人のもともと持っているものを引き出すことのほかに，ある決まった型にはめるという側面もあるというのです。

　先生は勉強を教える際，すなわちティーチングを行う際，自分自身が勉強が得意だっただけに，ある決まった型にはめ込もうとしてはいないでしょうか？

　振り返ってみると，そんな側面もありますよね。これは，ある意味自然なことかもしれません。おそらくその方が先生にとっては単純に行いやすいのでしょうね。

（3）コーチングの特徴

　伊藤らは，ガルウェイの記した『インナーゲーム』の事例を用いて次のように説明しています。ある時ガルウェイが，テニスのコーチの数が足りなくなって，スキーのコーチにお願いしたそうです。

　ただし，スキーのコーチがラケットを持つとテニスができないことが子どもたちにばれてしまいますから，ばれないようにラケットを持たずに指導し

てもらったそうです。そうすると，スキーのコーチが教えた子どもたちは，驚くほどテニスの腕前を上げたというのです。

なぜそうなったかについて，伊藤ら（2010）はコーチがコンテンツやコツを教え込むよりも，適切な指摘をしてうまく導いていくことで，子どもたちの力を伸ばすことができたのではないかと言っています。

そしてそれが，コミュニケーションを通して相手に考えさせ，相手の能力を引き出し，高めていくコーチングの方法だと言っています。教えるプロセスで，子どもに肯定質問（第8章で詳述）をし，子ども自身に考えさせていたのです。

5　21世紀型能力とコーチング

第2章以降で後述しますが，コーチングでは，子どもに質問しながら考えさせ，子ども自身で解を見つけてもらいます。解は子どもによって異なり，その解は本人が見つけたものなので，子どもには何物にも代えがたい貴重な解となります。コーチングはそれを手伝うものです。

学校現場，特に生徒指導の場面においては，子どもの気持ちに共感しながら，関心を持って聞くカウンセリングも必要ですし，子どもたちを自分の教育目標に向かってリーダーシップを発揮しながら導いていくティーチングももちろん必要です。そこに自分で考えさせることを重視するコーチングも加味してみてはどうでしょうか。

上から教え込んで鋳型にはめていこうとすると，鋳型にはまらない場合は，なかなかうまくいきません。教える者も教えられる者もお互いに苦しくなりますから。

国立教育政策研究所の示す21世紀型能力は「決まった答えのないグローバルな課題に対して，大人も子どもも含めた重層的なコミュニティの中で，ICTも駆使して一人ひとりが自分の考えや知識を持ち寄り，交換して考えを深め，統合することで解を見出し」ていくことを求めています。

決まった答えのないグローバルな課題には，鋳型にはめようとしても鋳型がないのです。

6　学校現場で求められるコーチング

　コーチングでは，コーチはクライアントにアドバイスをしません。学校現場において，アドバイスを行わないとすれば，そこまで差し迫った場面ではないと考えてよいでしょう。つまり，ある程度余裕がある場面でのコーチングが想定されます。

　そうした場面であれば，コーチングを通して子どもにじっくり考えてもらうことが可能だということです。コーチング理論の核心は，あくまでも「あぁだ」「こうだ」という指示や助言ではなく，子ども自身に解を見つけてもらうことにあります。ですから，子どもにも先生にも一定程度時間の余裕が要るのです。

　誰しも人から見えなくとも，それぞれに悩みを抱えながら生きています。コーチングによって思考の方向性が他にもあるということに気づくことで，人は気が楽になるように思います。

　コーチングをティーチングやカウンセリングと，バランスを図りながら，今を生きる子どもたちに活用していくとよいのではないでしょうか。

●引用・参考文献●
・国立教育政策研究所「平成24年度プロジェクト研究調査研究報告書　教育課程の編成に関する基礎的研究報告書5　社会の変化に対応する資質や能力を育成する教育課程編成の基本原理」2013年3月
・片山紀子著『アメリカ合衆国における学校体罰の研究‐懲戒制度と規律に関する歴史的・実証的検証‐』風間書房，2008年
・片山紀子著『新訂版 入門　生徒指導―「生徒指導提要」から「いじめ防止対策推進法」まで』学事出版，2014年
・角田豊，片山紀子，小松貴弘編著『子どもを育む学校臨床力―多様性の時代の生徒指導・教育相談・特別支援』創元社，2016年

・伊藤守・鈴木義幸・金井壽宏著『コーチング・リーダーシップ』ダイヤモンド社，2010年
・原口佳典著『100のキーワードで学ぶコーチング講座』創元社，2010年
・バジル・バーンステイン著，萩原元昭編訳『教育伝達の社会学―開かれた学校とは』明治図書，1985年
・吉田圭吾著『教師のための教育相談の技術』金子書房，2007年

COACHING

第2章

コーチングのすすめ

Kaoru Harada

1　役に立つコーチングに

　コーチとして積み上げてきた実践や体験や学びを，もっと効率よく短期間で普通の人が活用できる方法に転換する方法はないのだろうか？
　こんなことを筆者（原田）は，いつも頭の中で考えています。特に教育現場で子どもを指導される先生方がもっと簡単にわかりやすく使えるマニュアルのようなものを作成できないかとグルグル考えるのです。
　「コーチング」「解決志向」「ブリーフセラピー」「NLP」「タイプ分け」その他多くの自己啓発系の本はどの本も素晴らしいです。ただし，どんなに素晴らしいメソッドでも，ある一部の専門家しか使えないものであったら，広く裾野を広げて世の中に役立つことはできません。
　少しでも多くの現場の先生方が，使える，役に立つマニュアルとして手元に置いて実践していただけたらうれしいです。また教育現場の忙しい仕事のなかで，現状よりさらに多くの時間を取られることなく，解決志向型のコーチングができるようになるために，できるだけ具体的な質問や方法例などに多くを割きたいと考えています。
　とは言っても，「理論」がわかっただけでは何の役にも立ちません。コーチングは，使えば使うほどうまくなりますし，活用すれば活用するほど，相手の対応に余計な時間がかからなくなります。
　まずは，この本に書いてある方法を一つでもよいので実践していただく，

そして，それが本当に効果のあるものなのか検証していただくことが，現場を変える第一歩だと思います。

2　コーチングは練習・練習・練習

　筆者は，ヨーロッパで開催されるソリューション・フォーカスの事例研究会（SOLという大会）に毎年参加しています。そこで知り合った仲間たちはみなソリューション・フォーカス（解決志向）を企業や大学や地域の組織などに導入して，それぞれに成果を出しています（ソリューション・フォーカスについては第8章で後述）。

　その中の一人にスコットランド出身で，カナダのトロントにいるアラン・ケイというコーチがいます。

　彼の著書"Fry The Monkeys. Create a Solution"で，特に「質の良い質問をする」ことにフォーカスしています。人は，質問されて初めて考え始めます。考えて，言葉に出して答えるうちに，「自分がどう思っているのか，どんな答えを持っているのか」に気づくのです。それが，コーチングが機能した瞬間です。

　こう言われると，「良い質問なんて簡単に作れそうもない，どうすれば作れるのだろう」と思われるかもしれません。でも「勇気をもってやってみること。最初から良い質問がうまくできなくても害はないのだから」とアランは言っています。私もまったく同感です。

　この本を手に取っていただいた読者の方には，ぜひ「練習用のマニュアル」という気持ちで，数多く実践に取り組んでいただけると嬉しいです。

　というのも，コーチングの練習は，野球やテニス，サッカーなどのスポーツの練習のように量をこなすことが一番ですから，気軽に実践していただければと思っています。

3　絵に描いたもち

　コーチの資格取得については，日本にも，民間での資格取得スクールが多くあります。また，国際コーチ連盟（ICF）の認定コーチとなるには，最低のクライアント数，一定時間以上のコーチングをした実績，国際コーチ連盟認定のコーチからコーチングを受けていること，3年ごとの更新，そのために3年間で40時間をICF認定のコーチングスクールでコーチングについて研修を受けること，というような実践最優先の条件が求められます。

　これは「わかっていること」と「できること」の違いを明確にしたものです。理論がわかっていて，どんなに素晴らしい論文が書けたとしても，それで実際にコーチングができるかどうかは全くの別物であり，実践に勝るスキルアップはありません。

　スポーツの世界で考えてみると，野球の審判員はルールの知識に関してはパーフェクトでしょう。多くの試合に参加しているので野球に関してのコメントも書けるかもしれません。

　ではその審判員が実際の試合に出て，大事なところでヒットが打てるのか，三振が取れるのか，それは全く別の次元ですよね。コーチングも同じです。

　つまり，世の中には多くのコーチングの本があります。どれも素晴らしい内容です。しかし，実践しない限りただの「絵に描いたもち」でしかありません。何の役にも立たないのです。

　そこで，筆者が切にお願いしたいのは，次のことです。この本の中にある方法をたった一つでもよいので実践してください。それを継続してください。必ず手ごたえのある変化を体験できますし，「これがコーチングか」という実感を得ていただけるものと確信しています。

　残念ながら「忙しくて実践する時間がないんです」という現場の先生方からの声をお聴きすることも正直あります。たとえどんな小さな変化でも，何

かを変えるためには実際に行動し，それを継続すること以外には手立てはないのです。

4　ミラクルクエスチョン

そこで突拍子もない質問ですが，少し考えてみてください。

> あなたが，ある朝学校に行ってみたら，「教室がこうだったらいいのになぁ」とず～っと思い続けていた理想の状態になっていたとします。あなたはまだそれを知りません。
> さて，あなたが知らないうちに理想通りに変わっていたことに気づくのは，学校のどこで，何を見た時，聞いた時，感じた時，誰と会話した時でしょうか？

これは，解決志向型コーチングで使われる「ミラクルクエスチョン」という質問です。

こんな突拍子もない質問を初めて聞いた人は，おそらく面食らってしまうでしょう。本書を読んで，このミラクルクエスチョンを使えるようになる必要は全くありません。しかしこの質問を聞いて，面食らったとしても，

「問題がぜんぶ解決してしまったら，どんなに気分がすっきりしているだろう！」

少なくともこういう気持ちになるのではありませんか？
この質問の意図はそこにあります。「問題」から「解決」へ視点を変えることです。一般的によく行われている方法としては，問題が起こった場合，その理由や原因を掘り下げます。

そうではなく，いち早く解決したところに視点を移し「来週，あるいは1か月後，もしこの問題が解決していたとしたら，いったい私は何をやってきたのだろうか？」こんな風に視点を変えると，解決のための効果的な方法や，あるいはより早く解決できそうな方法などを思いつくのではありませんか？

コーチングの底に流れている一番大切なアプローチが「視点を変える」ことです。それを最初に理解していただきたくて，この質問を取り上げました。そこで再度質問です。

「この質問でどのような答えがでてきたでしょうか？」

　もしこの質問で，ほんのわずかでも視点が変わった，あるいは広がったと感じられて，「忙しいけれど，ちょっとした時間にコーチングを実践してみようかなぁ」という気持ちになっていただければ本望です。

COACHING

第3章

コーチングとは

Kaoru Harada

1 コーチングの歴史

　「コーチ (coach)」という言葉が英語で使われるようになったのは,16世紀のことです。

　当時は「馬車」という意味でした。現在でもイギリスにおいて，長距離のバスを「コーチ」と言っています。

　その語源は，ハンガリー北部にあるコークス村だと言われています。この村では伝統的に自家用四輪馬車が作られていました。馬車は「その人の望むところまで送り届ける」役割を持っています。

　そこから，「コーチ」は「その人の目的とするところまで送り届ける」という意味で，1840年代には「受験指導のための個人教授」を意味する言葉としてイギリスのオックスフォード大学で使われるようになりました。

　1880年代になり，現在一般的に使われているスポーツ界での「コーチ」という言葉が使われるようになりました。

　その後1950年代になって，マネジメントの分野で「コーチ」が登場しました。コーチングがビジネス界で最初に注目を浴びたのは，ゼネラル・イレクトリック社（GE）の当時の経営者である，ジャック・ウェルチが1981年に就任した時の会見で，「私にはコーチがいます」と言ったことです。

　その当時，世界の三大経営者と言われていたジャック・ウェルチにコーチがついているという発表は，世間を驚かせました。しかし現在では，多くの

企業，医療機関，教育現場など，あらゆる分野でコーチングが導入されるようになっています。

2　コーチングは双方向コミュニケーション

　現在では，「馬車」だとイメージが湧きにくいですから，「タクシー」に乗ったと想像してみてください。タクシーに乗ると，客はまず「○○までお願いします」と言いますね。
　そこで，気の利いた運転手さんなら「どのルートがよいですか？」と聞いてくれます。
　選ぶのは客である自分ですから，眺めのよい道を遠回りしてもよいし，「最短距離」だと思う道をリクエストすることもできます。
　しかし，時間帯によっては道路の込み具合もありますから，たまには道路に詳しい運転手さんにアドバイスを求めることもあるでしょう。
　もし自分で選んだ道であれば，時間がかかったとしても，料金が高かったとしても，結果がどうであれ納得できます。
　ところが，運転手さんが選択した道でかえって遠回りだった場合はどうでしょうか？　納得いかないで不満が残るかもしれませんね。
　提案した人にとってはベストな方法であっても，与えられた人にベストな方法だとは限りません。
　人から与えられた方法で取り組んだ場合，目的地までの道のりは楽しいものではないでしょうし，「やらされ感」いっぱいでモチベーションも上がりません。
　しかも，それでよい結果を出せなかった場合はどうでしょう？　もともと人の選んだ方法であり，その人のやりたい方法ではなかったかのですから，「あの時，自分の主張をしておけばよかった」という後悔も出てくるかもしれません。こういう経験は誰もが持っているものではないでしょうか。
　つまり，ある人に目標があって，そこへ到達したい時に「どのルート」「ど

の方法」「いつまでに」「どう行動する」というベストな答えを持っているのは，唯一その人自身なのです。

　自分で考えた方法で行動し，自分自身で得た結果にのみその人は達成感を得られます。結果，自信がつきますし，さらなる「やる気」にもつながってくるのです。

　こういうふうに，目標達成に向かって，コーチが自分の価値観からの指示命令を与えることではなく，その人の中にある答えを「問いかけ」によって引き出すこと。そしてその答えに従ってクライアントが自発的に行動し結果を出すこと。これが「コーチング」です。

　問いかけることでクライアントの答えを引き出す対話の形をとることから，コーチングは双方向コミュニケーションだと言われています。

　しかし，実は「コーチング」という考え方は1500年代にすでに登場しているのです。ガリレオ・ガリレイがこういう言葉を残しています。

「人に教えることはできない。人が悟るように手助けすることはできる」

　現在では『インナーゲーム』の著書であるティモシー・ガルウェイもコーチングに関して同じようなことを言っています。

「その人の最大限の潜在能力を発揮させるために，教えるのではなく，その人に気付きを与え，学ぶのを助けることである」

　価値観，考え方，感じ方など，世代間のギャップが大きくなっている現代社会においては，以前のトップダウン式の指示，アドバイス，命令など一方的な関わり方が機能しない場面が多く見られます。相手の中から答えを引き出すコーチングが「双方向コミュニケーション」と言われるゆえんです。

3　三つの基本的哲学

　コーチングを行う前提として，三つの大切な基本的哲学があります。

　①答え・能力はその人に備わっている。
　②指示命令ではなく，コミュニケーションによってその人に気づきを促す。
　③その人の主体的な取組みをサポートする。

　つまり，「答えや能力はその人に備わっている」のですから，その人に「『答えはこれだ！』という気づき」を促し，「その人が自らやりたくなるような取組みをサポートする」ために「コミュニケーション」をとることが「コーチング」なのです。
　では，なぜコーチングがやる気を引き出すのでしょうか？
　コーチングの主人公はコーチではなく，クライアント本人です。コーチの仕事は，クライアントの持っている答えを引き出すことです。ごくまれに提案をすることはありますが，決して指示命令をすることはありません。
　あくまで，クライアントに考えさせ，その時のベストな答えを引き出し，目標達成のイメージをありありと描き，行動を促しクライアントの求める「望ましい未来」へ向けて横に並んで伴走することです。
　クライアントは問いかけられることに対して答える過程で，頭の中が整理されます。自分の望ましい状況に近づく方法を，確実に実行に移せる小さな目標に置き換え，その小さな目標を一つずつ確実に達成し，最終的にゴールに到達します。
　この成功体験を積み重ねることがクライアントの自己信頼を育てます。その成功は相手から与えられたものではなく，自分が努力した結果であるとクライアントは認識できます。それはコーチからコーチングを受ける過程で，信頼され，励まされ，支えられていることから生まれてくるのです。

自己信頼・自己肯定感を得たクライアントの中には自然と次のステップに向けたやる気，モチベーションが生まれるのです。

●引用・参考文献●
・W.T.ガルウェイ著，後藤新弥訳『インナーゲーム』日刊スポーツ出版社，2000年

> COACHING
>
> 第4章
>
> # 傾聴する
>
> Kaoru Harada

1　コーチングの流れ

実際にコーチングを行う時の流れを見てみましょう。

①現状を聞く。
②望ましい未来の姿を聞く。
③「望ましい未来」がどういうものか具体化する。すでにできているもの（成功の芽）はないか探す。
④それを一つずつ増やす。

　これが一般的な流れです。コーチングセッションの間，コーチ側に求められるのは「傾聴」と「承認」です。状況によって順番が前後することもありますが，この流れに沿って対話を行っている限り，失敗はありません。ですから安心して取り組むことができます。

2　実現可能な目標設定の方法

　何かを達成する時には，具体的な目標を立てることが必要になります。「いつか，大きな仕事ができる人間になりたい」というような漠然とした目標では，達成することは不可能です。「いつか」とはいつ？　「大きな仕事」

とはどんな仕事？

　これが具体的であればあるほど，目標を達成するための具体的な行動計画が立てやすくなります。目標が決まったら，その目標が適切なものであるか検証することも大切なことです。

　コーチングでは，検証するための目安を設けています。

　それを，SMARTモデルと言っています。適切な目標を設定をするうえでの五つの要件の頭文字をとったものです。

■SMARTモデル

　Specific：テーマは具体的か？
　Measurable：測定可能か？
　Attainable：達成可能なレベルか？
　Relevant：適切か？
　Time-Oriented：期限が明確か？

　「立てた目標がこれらの基準に沿っているか」を検証したうえで行動に移していくことが目標達成への確かな近道です。ただし，これはあくまで，本人に目標があり，行動する意欲がある場合のコーチングでの目標設定になり

ます。
　コーチングという形ではなく，日常の会話の中でも将来どうなりたいのかということに関する話をすることもあるでしょう。そういう状況を考えて，もう少しやさしく使いやすい目標設定にしたのが次の三つです。

■三つの目標設定
　①大きなものではなく，小さなものであること
　②抽象的なものではなく，具体的なできれば行動の形で述べられるもの
　③否定形（〜しない/〜ではない）ではなく，肯定形（〜する/〜できる）
　　で語られる行動であること

　「できていることを肯定的に」対応することで，目標達成が「ねばならない」から，「やりたいこと」に変わります。小さな達成可能な目標をたくさん積み上げていくうちに自然と自信も生まれてきます。

3　信頼を構築する傾聴

　人は人と対話する時にどういう聞き方をしているでしょうか？　一般的に「聞き上手」と言われる人はどんな聞き方をしているのでしょうか？　また，「聞く」ことのメリット，「聞かない」ことのデメリットは何でしょうか？
　講座で毎回聞く質問があります。それは「コミュニケーション上手な人はどんな人ですか？」というものです。
　この質問に対する答えの中に，いつもきまって出る答えがあります。それは「話し上手な人」です。多くの人のイメージの中に「話し上手」＝「コミュニケーション上手」という図式が出来上がっているようです。
　もしそうであれば「その場を仕切ってしゃべり続ける人」「どんな話題が出てもその話題を取ってしまう人」「人の話は聞かないで自分の話したいことだけ話す人」は，「コミュニケーション上手な人」なのでしょうか？

たとえば，営業マンとのやり取りを考えてみましょう。どんなに良い商品であったとしても，その営業マンが自分の商品がどれほど素晴らしいものかを一方的に話し続けたら，消費者に買いたいという意欲が湧くでしょうか？決してそんなことはないですね。
　優秀な営業マンは，「話し上手」ではなく，お客様の要望や問題点などをじっくり聞いてくれる「聞き上手な人」なのです。つまり「コミュニケーション上手な人」とは，人の話をじっくりと「聞いてくれる人」なのです。
　では，上司と部下，親と子，夫と妻，友人間でのコミュニケーションはどうでしょうか？　講座で参加者に確認する限り，「普段の生活で，相手に話をよく聞いてもらっている」と感じている人はせいぜい10%です。それ以外の人がどう感じているかと言えば，

・話を途中で遮って最後まで話を聞いてくれない。
・聞いた後，生返事が返ってくる。
・相手が「ながら聞き」をするので，聞いてもらった感じがしない。
・まずは，否定される。「そんなことできるわけない」とか「無理！」など。
・こちらが求めていないのに，意見や評価を言う。
・思い込みで返事が返ってくるので，会話がかみあわない。

　こうした「好ましくない聞き方」が大半を占めています。
　逆に，「好ましい聞き方」とはどういう聞き方なのでしょう？　多くの人が感じている「好ましい聞き方」とは「うなずき」「あいづち」「オウム返し」「アイコンタクト」などの入った聞き方です。
　この二つの「好ましい聞き方」「好ましくない聞き方」は，実際に体験することが非常に大切です。講座ではかならずこのロールプレーを体感してもらいます。頭でわかるだけでなく，体感することが大切です。

4　教員研修会で

　福岡市にある九州大学の「学校管理職マネジメント研修」では1コマ目終了後から2コマ目受講までの数日間に，身近な人を対象に「好ましい聞き方」を実践し，どういう結果をもたらすか体験する課題を出しています。

　2コマ目では実践した参加者から体験談を発表してもらいます。ここでは毎年感動的な話を聞くことができますし，参加者にとって大変貴重な体験になっています。

　これはあくまで「コミュニケーション改善」の始まりであり，大切なことはその後継続していくことです。聞くことから得られるものとしては，次のようなメリットがあります。

・聞いてくれる人に信頼感が生まれる。
・聞かれて話すことで話し手の頭が整理される。
・聞く側にとっては話し手の本音が聞ける。
・問題解決が早くなる。

　筆者（原田）はさまざまな方を対象に「コーチングセミナー」を行っていますが，特に子どもへの親の対応では目覚ましい効果が見られます。

　親からの言葉がいつも指示命令ばかりという家庭では，親子の会話はほとんど行われていないのと同じです。しかし，親が子どもの声をきちんと聴けるようになると，子どもからの積極的な会話が増えます。それによって親子間の親密さが生まれ，子どもの本音を理解することができますし，また，親子の会話が増えることで，子どもの問題行動も減らせるのです。

5 「聴く」ことの力を感じた事例

「聴く」ことの力を感じた事例があります。そのクライアントは大学を卒業して就職し，3年目に入ったところでした。先輩からの指導も終わり，独り立ちして仕事をこなすようになっていたのですが，仕事がはかどらない，そのために残業をする，上司からは残業に対して厳しく言われる，ストレスがたまる，仕事がますますはかどらないという悪循環でコーチングを受けることになりました。

正直言って，最初はコーチングにならない状態でした。コーチングを受けて「現状を改善し仕事のできる自分になる」と目標を立てていましたが，セッションの度に出てくるのは「仕事が向いてないのかもしれない」「要領よく適当に仕事をこなすことができない」などネガティブな言葉ばかりです。

このクライアントは，大学時代は部活に熱心に取り組み，楽しい4年間を過ごしたそうです。社会に出て初めて仕事をする厳しさに押しつぶされそうな気分になっていたのだと思います。とはいえ，社会人となった以上，仕事をほっぽり出して遊ぶわけにもいかないわけです。

そこで私がしたことと言えば，とにかく聴くことでした。「大変ですね」「ふ〜ん，そうなんですね」「なるほど」「そういう状況でも，逃げ出さないで取り組んでいるんじゃないですか？」「なんで頑張れてるんだろう？」という感じです。

5回目ぐらいのセッションで，本人の口から「このままではいけないよな」という雰囲気のことが少し伝わってきましたので，思い切って，質問してみました。

「今の○○さんの姿を，少し離れたところから見ることはできますか？その○○さんに何か言葉をかけてあげるとしたらなんて言ってあげますか？」

突然，電話がプツンと切れました。「しまった！　この質問はまだ早かったかなぁ」と思いました。しかし3分くらいしてまた電話がかかり，そのク

ライアントはこう言いました。「さっきの質問ですが,『いいかげんにしろ!』って言ってやりたいです」

　誰よりも本人が一番わかっているんですね。ひたすら聞いてもらって,自分のネガティブな気持ちを全部吐き出して,少しスッキリしたところで,自分の今の姿はしっかり見えていたのだと思います。

　このセッションからコーチングが変わりました。しっかりと目標を設定して,前に進んでいくことができました。残業問題に関しては,非常に丁寧に仕事をするという自身のクセに気付きました。それ自体は悪いことではないので,残業をどうするかという点でセッションを進めました。

　夜仕事をすると残業とみなされます。しかし,翌日早く出勤して朝のうちに仕事を片づければ残業とは言われないですむという答えを導き出して実践を始めました。

　その結果,「早朝から頑張ってるね」というよい評価をいただいたそうで,本人も苦笑していましたが,よい解決法が見つかり,前向きに仕事に取り組めるようになりました。

　私がこのコーチングから改めて学んだことは,「聴く」ことの力です。コーチングを始めたころは,質問などできる状態ではなく,たまたま「聴くしかない」ことが功を奏したのです。

　人は自分のことをわかってもらいたい,聴いてもらいたいのです。とことんクライアントの声に耳を傾けることは,どんなスキルより力強い武器だと思います。

●引用・参考文献●
・ローラ・ウィットワース他著『コーチング・バイブル―人がよりよく生きるための新しいコミュニケーション手法』東洋経済新報社,2002年
・ジョン・ウィットモア他著『はじめのコーチング』ソフトバンククリエイティブ,2003年

COACHING

第5章
承認する

Kaoru Harada

1 「ほめる」より「事実承認」

　世間では，「ほめる」ことの大切さがよく話題になります。しかし，コーチングでは「ほめる」ではなく「承認」という言葉を使います。

　その理由としては，「ほめる」ことが正しく理解されていない状況が多いからです。そのひとつとして，とかく「ちやほやする」「おだてる」ことも含めてほめる行為になっていることがあげられます。

　それを裏付ける例として，コーチング研修では「部下をほめると，図に乗ってしまうからほめません」という上司をよく見かけることです。上司が正しいほめ方をしているならば，部下が「図に乗る」などということは決してないのです。とはいえ人は他人に認めてもらいたいものです。

　人に認めてもらうことによって，自信がつきますし，やる気も生まれます。ですから「正しいほめ方」「承認の仕方」を学ぶことは重要なことです。

2　事実承認と結果承認

　では，「承認する」とは具体的に何をすることでしょうか。「承認する」には方法が二つあります。その違いは承認する時にどこに焦点を当てるかです。多くの人が行っている承認は，何かの結果を出した時，その結果に対して「承認する」という行為です。それを「結果承認」と言います。たとえば誰

第5章　承認する

かが試験で100点取った時を例にしてみましょう。その結果に対して，「よくやったね」「頑張ったね」とほめる方法が「結果承認」です。

　しかしこの方法だと，認められる側は一定基準以上の結果を出さない限り，あるいは認める側の期待に添わない限り認めてもらえません。

　すべての人がいつも100点を取れるわけではありません。たとえ100点をとれなくても，どこかその人なりに頑張ったところがあるのではないでしょうか。

　そこを見つけて承認するというのが，二つ目の「事実（プロセス）承認」です。どんな人にも，できているところ，努力したところ，あるいは以前より進歩している点があるはずです。たとえそれがどんなに小さなことや進歩であっても，目の前にある「事実」を伝えてあげることが大事です。そこを認める方法が「事実承認」です。

　「事実承認」は「結果承認」と違って，相手のことをよく観察していないとできません。ですから，認めてもらった人にとっては，「自分のことを気にかけてもらっている」と感じることができます。また承認されることで「自分でもできる」という自信や自発性が生まれてきます。

　承認することについて，もう一つ注意点があります。人はそれぞれ「ほめられて嬉しいと感じるポイント」が違うということです。

　皆さんは，野茂英雄という元野球選手をご存じでしょうか？　日本人として初めてメジャーリーグで活躍した投手です。彼がロサンジェルス・ドジャースに入団した時の監督がトミー・ラソーダでした。

　ラソーダ監督は，投手としては現役時代にわずか２勝３敗という成績しか残していません。しかし，監督としては，選手をほめモチベーションをあげることに関しては素晴らしい洞察力を持っていました。

　ただ，「すごい」「すばらしい」と言うだけではなく，相手が人から聞きたいと思っている言葉を伝えていたのです。この「ほめる」技術でチームを優勝に導きました。

　実際にラソーダ監督がどういうふうに選手をほめていたかという事例を鈴

29

木義幸著『コーチングのプロが教える「ほめる」技術』から引用します。

> 例えば，ジョンという選手がヒットを打ったとします。するとラソーダ監督はいいます。「ジョン，お前は天才だ！！」
> ところがジョンは顔色一つ変えません。淡々と「サンキュー，ボス」と返しただけ。
> これは違うなとラソーダ監督は思います。しばらくしてまたジョンがヒットを打ちます。今度はラソーダ監督は違ういい回しを試します。「ジョン，あの低めのストレートをよく軸をぶらさずに振りぬけたな」。ジョンがほんのちょっぴり笑みを漏らすと，ラソーダ監督は思います。「これだ」。
> （中略）
> ほめることは技術です。何気なく人がほめられるかというと，そんなことはありません。相手をよく見て，相手が日々どんなことを思っているのかを洞察して，どんな言葉を投げかけられたいのかを熟慮して，初めて「ほめ言葉」は発せられるべきものです。
> （中略）
> その人が喉から手が出るくらい聞いてみたいと思っている言葉は何でしょうか？もしそれを聞いてしまったら，あなたのために何かをせずにはいられないと思うような，その言葉は何でしょう。

ほめられて嬉しいポイントは人それぞれに違います。私たちが使うほめ言葉は，相手が違ってもいつもワンパターンではないでしょうか。ですからさまざまな「ほめ言葉」に接して，自分の「決まり文句」を豊かにすることが必要です。

そこで，「ほめ言葉」のバリエーションを増やすことをねらいとして取り入れているのが，次に説明するワークです。

■「人にほめられて嬉しい言葉20」ワーク

上記のとおり，自分が承認されて嬉しい言葉や言い回しには，人によって違いがあります。研修では，まず自分が言われて嬉しい言葉や表現を20項目書いてもらいます。

次に4～5人のグループでそれをシェアします。それによって，人それぞれに「嬉しいほめことば」は違うのだと理解できます。

第5章 承認する

　時には,自分の感覚ではありえないような言葉が「ほめ言葉」であったり,「それいいですね」というような思いがけない対応に出合ったりします。人によって「嬉しいポイント」は違うのだということがわかると同時に,相手によって「ほめことば」を使い分けできるようになるということをねらいとしています。
　参加者から出てくる「ほめことば」を挙げてみましょう。
「すごいですね」
「すばらしい」
「さすがですね」
「嬉しい」
「勉強になりました」
「〇〇さんといっしょでよかったです」
「元気をもらいました」
「エネルギッシュですね」
「いつも尊敬しています」
「〇〇さんからいつもお噂は伺っています」
などなど,よく聞かれるお決まりの言葉が大半です。ラソーダ監督の例のように,相手が心から「自分は認められた！」と思える言葉にはどんなものが

あるか，職場やご家庭で，どんな言葉を聞くと嬉しいか，リサーチしてみてはいかがでしょうか。

3　アイメッセージとユーメッセージ

　相手に承認を伝える方法として重要な二つのポイントがあります。それは，「アイメッセージ」と「ユーメッセージ」です。

　この二つの違いは，「主語」が誰なのかという違いです。「アイメッセージ」は「アイ」つまり「私」です。そして「ユーメッセージ」は「ユー」つまり「あなた」です。

　この手法はすでにご存知の先生方が多いように思いますが，復習・確認ということで読んでいただければと思います。

　普段ご自分が使っているほめ言葉にはどういうものがありますか？

　一般の方を対象にした「コミュニケーション講座」等では，「すごい！」「さすが！」「やったね！」がダントツで挙げられます。これは講師としては期待通りの反応です。そして「嬉しい」も少数ですが出てきます。

　さて，これらの言葉を「アイ」「ユー」でグループ分けするとしたらどう分けるでしょうか？　そうですね。「すごい！」「さすが！」「やったね！」は「ユーメッセージ」で，「嬉しい」は「アイメッセージ」です。主語を「あなた」と「わたし」に置き換えるとわかります。ほとんどの方が「ほめことば」というと，この「ユーメッセージ」を挙げます。

　では，ここでクイズです。この二つのメッセージの伝え方のうち，ほめられる側にとってどちらが素直に受け取りやすいでしょうか？

　答えは，「アイメッセージ」です。

　なぜでしょうか？　実際に自分が言われたところを想像してみてください。例えば大事なプレゼンが成功したとします。そこへすかさず，「ユーメッセージ」で「さすが○○さん！」「○○さんのプレゼン，すごい！」と言わ

れたあなたはどういうジェスチャーをするでしょうか？

　手を横に振りながら「いえいえとんでもない！」ではないでしょうか。「うまくいきました。ありがとうございます」と胸を張って言える日本人はほんの少数派だと思います。

　では，これを「アイメッセージ」で伝えるとどうなるでしょうか。「ユーメッセージ」のような単語でほめられないので慣れないと難しいかもしれませんね。

　たとえば，「○○さんのプレゼンはとても勉強になりました」「プロジェクトに一緒に参加できて嬉しいです」「とても参考になりました」というふうに伝えられると，「いえいえ」とは答えられないでしょう。

　おそらく「ありがとうございます」という言葉がでてくるのではないでしょうか。なぜなら，自分のことをほめているのではなく，「相手がかってに感じたこと」だからですね。特に前述の「ほめるのもほめられるのも嫌い」なタイプの人には有効です。

　誰でも，「ほめられる」と嬉しいものです。ですが，相手に合わせて効果的に承認することで，より相手のやる気を引き出せるのだということを，実践を通して体験してください。

●引用・参考文献●
・鈴木義幸著『コーチングのプロが教える「ほめる」技術』日本実業出版社，2002年
・ローラ・ウィットワース他著『コーチング・バイブル―人がよりよく生きるための新しいコミュニケーション手法』東洋経済新報社，2002年
・ジョン・ウィットモア他著『はじめのコーチング』ソフトバンククリエイティブ，2003年

COACHING

第6章

質問する

Kaoru Harada

1　自発性を育てる質問

　「傾聴する」「承認する」「質問する」というコーチングの三つのスキルの中で，「質問」はもっともコーチングらしいスキルであり，もっとも訓練を要するスキルだと言えます。
　「質問」の一番大きな役割は，相手に考えさせることです。コーチから多くの答えを引き出されることで頭が整理され，考えたことを言葉にして初めて自分が何を考え，何をしたいと思っているのかがわかるのです。

・コーチがとことん自分の話を聞いてくれる。
・話したことについて質問を投げかけてくれる。
・質問に答えるうちに自分の中から答えが見つかる。

　この一連の対話が「コーチングの醍醐味」であり，そのために「質問」が大きな役割を果たしています。
　しかし「質問」といえば，多くの日本人にとっては「詰問」を意味することが多いのです。それは次のような質問をされることが多いからだと思われます。

・なぜ，こんなことしたの？

第6章 質問する

- なぜできないの？
- なぜいつもそうなの？
- なぜしなかったの？
- なぜがんばらないの？

　このような「なぜ」で始まる問いかけは，質問の形をとっていますが，実は相手を責める言葉にしかなっていません。
　上記のように聞かれたら，多くの人はどんな反応をするでしょうか。よくある返答は「だって，○○だから」という言い訳です。決して建設的な言葉は返ってきません。ですからこのような「なぜ」の質問は要注意です。
　では相手を追い詰めるのではなく，相手に考えさせ，行動を促すにはどういう質問をすればよいのでしょうか？　以下がそのための大切なポイントです。

［ポイント1］考えさせる「なぜ」を用いる。
　「なぜ」という質問は，使い方によっては素晴らしい質問になりえますし，コーチングセッションの中でも大きなシフトを生み出すことがあります。ですから過去できなかったことの理由を聞くのではなく，相手が選択したこ

35

と，あるいはこれから挑戦したいと思う事に対する理由として使ってください。

質問例：「なぜそれをやりたいと思うの？」

［ポイント2］オープン・クエスチョンで聞く。

イエス，ノーで答えるクローズド・クエスチョンより，できるだけ選択肢の広がるオープン・クエスチョンをより多く使う（オープン・クエスチョンとは，いつ，どこで，なにを，なぜなどの疑問詞を使う質問である）。

質問例：「○○というのは，具体的にどういうことですか？」

話し手，聴き手の両者にとって，話し手の使う言葉をわかったつもりになっていることがよくあります。特に抽象的な言葉を使う時に多いのですが，これがミスコミュニケーションの一番の原因になることが多いのです。

クライアントの使った抽象的な言葉について具体的な説明を求めると，使った本人にもよく理解できていなかったということがしばしばあります。漠然とした言葉でわかったつもりになっているのです。

相手の使った抽象的な言葉に注意し始めると，自分自身の使っている言葉も意識するようになります。その結果，誤解の少ないコミュニケーションができるようになります。

［ポイント3］質問の答えはできるだけ多く聞き，選択肢を広げる。

質問例：「ほかには？」
　　　　「まだありますか？」

問いかけられて最初にでてきた解答が，本人にとってベストなものであるのか，あるいは本当に自分のやりたいものなのかどうかわかりません。頭を絞り，考えに考えて出てきたものの中に思いもよらない答えや「あ，これだ！」とピ〜ンとくるようなものを発見することもよくあることです。

コーチは，クライアントの表情や声のトーンを観察しながら「ほかには？」「ほかには？」と聞いています。質問する時には，答えを一つ聞いて終わりにせず，選択肢をいくつも広げてあげましょう。

2　クライアントによる選択

　質問に対して出した複数回答の中から何を選ぶかは，クライアントに選択権があります。自分で考え選んだ方法であれば，相手から与えられた「しなければならない」方法よりもよい結果を出せます。なぜなら，自分で選択することが自発的なモチベーションにつながるからです。

　自発性については，『人を伸ばす力』のなかで「内発的動機づけ」研究の第一人者であるエドワード・L・デシはこう述べています。

> ほとんどの人は，最も効果的な動機づけは本人の外から与えられるもの，熟達した人が与えてくれるものと考えている。しかし，外から動機づけられるよりも自分で自分を動機付ける方が，創造性，責任感，健康な行動，変化の持続性といった点で優れていたのである。自己決定し偽りのない自分であるという事にとって，選択するという事が鍵であり，何かをした時に実際に選択をしたのかどうかが重要な問題である。
> 出典：エドワード・L・デシ『人を伸ばす力』

　相手のモチベーションを上げる方法として，一般的に「ほめる」とか「ごほうび」という方法があげられます。しかし，デシの説によれば「最も効果的な動機づけ」は本人の中から生まれてくるものなのです。

　自分で考え，考え得る方法の中からベストな答えを選び実行する。これがコーチングの真髄であり，「選択」こそ，デシの述べているポイントとコーチングとの共通点であると捉えています。質問から引き出される複数解答の中から選択する行為がクライアントにとって「内発的動機づけ」に結び付きます。人が自律的に生きているかどうかは，自分自身の選択で行動していると心底感じられるかどうかなのです。

この手法は『リチーミング』の著者である精神科医のベン・ファーマンも取り入れています。解決志向アプローチを取り入れたキッズプログラムでは，どっちを選んでも支障ないようなものを，敢えて子どもに選択させます。子どもにとって「自分が選んだ」ことが大切なことなのですね。彼のワークに参加してこの手法を知った時には，こんなシンプルなことで人は自発的になるのかと改めて再確認しました。
　相手に選択肢を与えるという点に気をつけて質問をする限り，どんな質問もそれなりの効果を出せるので，失敗を恐れずとにかく練習を積むことです。要は相手に考えさせることです。さらに選択肢をできるだけ多く考えさせることが大切です。

3　「質問」には「質問」で

　もう一点，「質問する」に関して注意点があります。それは，自分が質問された場合のことですが，相手に何かを聞かれたらすぐに答えを与えようとしないことです。「質問」には「質問」で返すことです。

　　質問例：「どこまでわかっているの？」
　　　　　　「自分でそれについて調べたことはある？」
　　　　　　「どうしてそれを知りたいと思うの？」などなど。

　相手の質問によって返し方はいろいろあると思いますが，即答をしないで考えさせることを習慣づけることが大切です。もちろん時と場合によりますので，すぐに解答が必要なことがあるかもしれません。
　人は何かわからないことを聞いて，すぐに答えを得られる経験ばかりしていると，自分で考える癖がつきません。答えをすぐに与えないで相手に考えさせることが，コーチング的な対話の特徴です。
　たとえば「これはどうすればいいんですか？」というようなことを聞かれ

たら,「どこまでわかっているの?」「どこまでできているの?」「あなたはどうすればよいと思う?」という風に聞き返すこともできます。「何のためにそれをするの?」という質問もできるでしょう。

質問をすることで,余計な時間を取られると感じる先生方もいらっしゃいます。しかし,人を育てるには時間がかかります。この時間を,考える癖をつけるまでの大切な時間だと捉えていただくことが大事だと思います。

●引用・参考文献●
・エドワード・L・デシ,リチャード・フラスト著,桜井茂男訳『人を伸ばす力―内発と自律のすすめ』新曜社,1999年
・ベン・ファーマン著,タパン・アホラ,佐俣友佳子『強いチームをつくる技術―個と組織を再生する「リチーミング」の12ステップ』ダイヤモンド社,2010年

> COACHING
>
> 第 7 章
>
> # スケーリング
>
> Kaoru Harada

1　スケーリングとは

　スケーリングとは，自分の理想を10，出発地点を1として，現状の自分が今どこにいるかを確認するスキルです。

　コーチングの目的は，クライアントがあくまで自発的に行動して目標を達成することです。クライアントにとって「目標に達したレベル」と「現状の自分」とのギャップが大きい時は，ギャップを埋めることが困難なことに感じられて，なかなか行動に移せないことがあります。

　クライアントが「やります」と言いながら，何かと言い訳をして実践しない，あるいはできない状況にいる時は，多くの場合クライアントの問題ではなく，目標設定が高すぎること，その目標とのギャップが大きすぎて萎縮していることも考える必要があります。

　「スケーリング」はクライアントのこういう状況にとても有効です。それは，「スケーリング」によって自分の立ち位置を確認し，確実に行動に移すことができる具体的な，小さな一歩を見つけられるからです。「これならできそう」「自分にもやれる」という確信を得て，楽しみながら行動に移すことができます。

　その具体的な「一歩」を行動に移せるスキルがスケーリングです。このスキルをうまく活用することで，クライアント自身が自分の内側にモチベーションの芽を見つけることができ，自発的に行動できるようになります。

2 スケーリングの進め方

実際にスケーリングをどのように進めていくか説明します。
① 現状を詳しく聞いたのち，理想の状態を聞く。できるだけ具体的に話してもらう（抽象的ではなく具体的な言葉で語られることが重要です）。
　質問例：「今の状況がどうなっていればいいですか？」
　　　　　「今話したことが全部解決したあとはどんな風になっているでしょうね？」
　　　　　「よくなった時って，どうなっていますか？」
　この時，否定形あるいは抽象的な言葉で語られる時は，肯定的で具体的な言葉に言い換えてもらいましょう。

　質問例：「『〇〇するのを失敗しないで』じゃなくて，どうできていたらいいですか？」
　　　　　「『〇〇』についてもう少し具体的に話してもらえますか？」
② その理想の状態を10として，現在1から10のどこにいるかを聞く。
　質問例：「（1で聞いた）その状態を10として，今どのあたりにいると思いますか？ 5とか6じゃなくて，5.3とか6.1みたいな数字でもいいですよ。
　ここも，現状を聞いた時と同じように，否定形あるいは抽象的な言葉で語られる時は，肯定的で具体的な言葉に言い換えてもらいましょう。
③ 答えた数字の内容あるいは根拠を聞く。
　質問例：「なぜ〇点なのですか？」
　　　　　「何ができているから〇点だと思うの？」
　　　　　「〇点の中身を教えて？」
　この質問に関してできるだけ多くの回答を引き出す。
④ 将来その数字から1あるいは0.5，進んだところにいる時はさらに何ができるよ

うになっているかを聞く。

質問例：「1週間後か，1か月後，いつでもよいのだけれど，今の数字が1，あるいは0.1上がっていたら，何が変わっていると思う？」

「その時は，なにができるようになっていますか？

⑤複数回答の中から，どれから始めるかを選択させる。

質問例：「どれからやりたい？」

「どれからだったらできそう？」

「どれからやったら解決しそう？」

以上のようにスケーリングのポイントは，「小さく」「具体的に」「肯定的に」です。「これならできそう」と思わせることが大事です。

3　スケーリングを使った例

実際にコーチングで「スケーリング」を使った例を紹介します。

クライアントは転職を経て大手の保険会社で働いていました。以前の会社とは仕事内容も異なり，電話での顧客対応にいつも不安を感じているという

ことでした。

　セッションを重ねるうちに，一番緊張する場面が筆者には明確にわかってきました。それは電話対応で顧客に製品の内容説明を求められた時のことでした。わかりやすい説明ができないので，必要以上に時間がかかり，クレームになるのではないかとひやひやしながら説明をしていたのです。

　そこで，商品説明のデモンストレーションをしてもらったのち，クライアントの説明に対してフィードバックを行うことにしました。クライアントが漠然とした抽象的な言葉を多用していることを伝えました。

　前々から，コーチングセッションで，「今の○○についてもう少し具体的に説明してください」と私が言っていたのをクライアントが思い出し，「原因はこれなんだ」と初めて腑に落ちたのです。そこで，「わかりやすい説明とは何か？」について考えてもらい，「理想のわかりやすい説明」とは何かを具体的な行動レベルでリストアップしてもらいました。

　その次のセッションから，私の質問に対して具体的な返答をする練習を行い，2か月たった頃スケーリングを行いました。「クライアントの理想とする具体的な説明を10とし，2か月前を1とした場合，今はどの位置にいますか？」という質問に対して，クライアントは「10では数が小さいので，1から100のスケーリングにして今3です」でした。

　さて，100のうちの3という答えを聞いた時，多くの人の反応はどういうものでしょうか？　口には出さないかもしれませんが，「たった3？」という感想を持つ人もいるかもしれません。にもかかわらず，一般的によく行う対応は「では100を達成するのに，どうすればよいですか？」と一気に100を目指す質問です。

　「現状3」の人が突然「100」を目指す方法など聞かれても，皆目見当もつかないのではないでしょうか？

　ではスケーリングでは，どう対応しているでしょうか。

　「いま，3はできているんですね。その3の内容，つまりなにができているから3なのかを聞かせてください」です。

スケーリングでは，ここが一番大切なポイントです。できていることを明確にすることで，具体的な次の一歩が明確になります。そうなれば行動しやすくなります。一歩ずつ，あるいは半歩でも進みさえすれば，必ず目標に達するのだという感触，手ごたえをクライアントはつかめます。それが自信につながるのです。

　クライアントは3の中身を説明し始めました。コーチ側としては，決まり文句の「ほかには？」「ほかには？」「まだありませんか？」を繰り返します。さまざまな答えが出た後で，「いま，話してみてどうですか？」との問いに，「案外できていることが多いことに気づきました。もしかしたら，3じゃなくて5くらいかもしれません」とクライアント。

　ここまでくると，次に聞くことは具体的な次の一歩です。「では，6になった時には，さらに何ができているでしょうね？」

　こうして，たとえ今は目標からはるか遠い所にいるとしても，「できるようになった」「できるかもしれない」「やってみよう」という感覚を大切にしながら前に進んでいけます。

　その後クライアントは，抜き打ちテストでもよい結果を出せるようになり，顧客対応にも少しずつ自信を増していきました。今は「来年中に職場の顧客対応ベストファイブに入ること」を目標に掲げて，日々「わかりやすさ」について学び，実践し続けています。

4　スケーリング・ワーク

　講座では，スケーリングとは何か，またその使い方や有効性を説明したのちに，実際に使って体感していただいています。以下は講座で実際に行うスケーリング・ワークを説明したものです。このワークを行う前には事前課題として次のテーマについて考えてもらいます。

　「あなたの理想とするコミュニケーション能力のある人とはどういう人ですか？」

この事前課題に対する回答を使って，以下のようにスケーリング・ワークをしていきます。

■**スケーリング・ワークの流れ**
①Aさん，Bさんを決めます。Aさんがコーチング役，Bさんがクライアント役をします。
②Aさんが，Bさんの理想の姿を聞きます。「あなたが考えるコミュニケーション能力がある人とはどんな人ですか？」
③Bさんが答えます。
④Aさんは，Bさんから複数回答を引き出します。
⑤AさんからBさんへ質問します。「今言ったような理想の状態を10として，今のBさんのコミュニケーション能力は1から10のどのあたりですか？」と質問をして，Bさんにスケーリングをしてもらいます。
⑥Bさん答えます（たとえば3あるいは6という風に）。
⑦Aさんの質問 「何ができているから6なんですか？」あるいは，「6だと思う根拠はなんですか？」
⑧Bさん答えます。Aさんは複数回答を聞きます
⑨Aさんの質問。「目盛りが1（あるいは0.1）上がった時はさらになにができるようになっていますか？」
⑩Bさん答えます。Aさんは複数回答を聞きます。
⑪Aさんの質問。
「どれから始めますか？」または
「どれが取り組みやすそうですか？」
「どれから取り組みたいですか？」など工夫して聞く。
⑫Bさんが答えます。
⑬交替してBさんがコーチ役，Aさんがクライアント役をします。
⑭終わった後で，お互いにフィードバックをします。

この一連の流れの中で，1番大切なポイントは7番です。

　この例の場合スケーリングが6でしたから，Bさんが理想の10に向かって進むことに抵抗はまだ少ないでしょう。

　しかし，もしBさんが「1しかできていない」と言ったらどうでしょう。Bさんも，答えながらできていない自分を再確認したかもしれません。目標までのギャップを大きく感じて，モチベーションが下がることもあり得ます。

　ここで，Aさんが「1しかできていないの？」と聞くのではなく，「1はできているんですね。では，その1の内容はなんですか？」と聞くことが大変重要です。

　Bさんはその質問への答えで，90％のできていないことではなく，10％のできていることに視点が変わります。そして自分が具体的にできていることを探し始めます。その結果，わずかでもできていることを確認することができます。

　そして次の質問「そこから目盛りが1上がった時には何ができるようになっていると思いますか？」で，確実に前に進む方法を見つけることができます。

　スケーリングの使い方を再度確認してみましょう。ポイントは次のとおりです。

- その人のあげた数字の中身，根拠を詳しく聴く。それによって，本人がどこまでできているのか，何がわかっているのかが再確認できる。
- そこから先に進む時には，0.1とか0.5などのようにできるだけ小さなステップにする。
- 必ず本人の選択に任せる。

　また，スケーリングを行うことによって可能になるのは，以下のことです。
- クライアントが，自分の立ち位置を理解できる。
- 自分の現状がゴールからはるか手前であっても，小さな一歩を続ければ

ゴールに達成できるという手ごたえがつかめる。
・小さな成功達成を体験することでやる気につながる。

●引用・参考文献●
・Alan Kay, Fry The Monkeys Create a Solution, The Glasgow Group, 2010.
・Peter Szabo, Daniel Meier, Coaching Plain&Simple, W.W. Norton & Company, 2009.

COACHING

第8章
ソリューション・フォーカス（解決志向）

Kaoru Harada

　人の悩みや問題を解決するツールやスキルにはいろいろあります。この本のテーマであるコーチングの他にも，アサーション，NLP（神経言語プログラミング），解決志向，アンガーマネジメント，箱の法則などご存じのものもあるかもしれません。

　それぞれ，素晴らしいのですが，これまでの経験からすると，コーチングを含め，どれもそれ単体で完全なものではないと感じています。

　筆者（原田）はさまざまなクライアントをコーチングし，さらにコーチングのスキルアップを目指して学んできた中で，「解決志向」（ソリューション・フォーカス：以下SF）という手法に出合いました。

　このSFはとてもコーチングと相性がよく，コーチングの手法に取り入れると，クライアントがより短時間で前向きに成果を出せると確信しています。では，そのSFとはいったい何なのでしょうか？

1　ソリューション・フォーカス（解決志向）とは

　SFとは，Solution Focus（ソリューション・フォーカス，解決志向）の略語です。1970年代に，アメリカのミシガン湖のほとりにあるミルウォーキーの町で，心理療法家ミルトン・エリクソンが心理療法を行っていました。彼のやり方は，それまでの「時間退行」的な療法ではなく，心理療法の常識を覆すような方法でした。それは，最初に「望ましい未来の姿」を見せるというものでした。

その後，彼の流れをくむ臨床家たちがそれぞれの理論を取り込んで，独自の療法を生み出していきました。私がコーチングのベースに活用しているSFは，エリクソンの弟子である，スティーブ・ド・シェーザー，インスー・キムバーグの二人によって構築されたBFTC(Brief Family Therapy Center短期家族療法センター）から派生したモデルです。

そのBFTCから，心理療法だけでなく一般的に使えるモデルになったものを解決志向ブリーフセラピー（SFBT）と言います。簡略して「ソリューション・フォーカス（SF）」（解決志向）とも呼んでいます。

■SFの基本理念
SFで大切にしている「基本理念」は次の三つです。

①壊れていないものを直そうとするな。
②うまくいっているものを見つけそれを増やす。
③うまくいっていないなら，違うことをやってみる。

2　なぜソリューション・フォーカスなのか

SFとコーチングとの共通点は多いのですが，コーチングにSFを取り入れて感じることは，SFが非常に使いやすいということです。使いやすさの理由を次の3点をあげて説明していきます。

①シンプルである
②どこでも使える
③肯定感がベースにある

(1) シンプルである
解決志向のシンプルさは，主に「解決」に向けた対話にフォーカスしてい

ることです。SF的なコーチングを行うコーチは「なぜうまくいかないのか？」という原因追究に多くの時間を割きません。

　なぜなら，彼らはできるだけ早く解決するための答えを見つけ，解決できた状況を目指しているからです。「原因追究」の結果出てくる「なぜうまくいかないのか」という原因・理由がわかったとしても，それが問題を解決できるわけではありません。

　ですから，過去の話は必要最小限にして，最初に「望ましい未来の姿」をイメージしてもらうところから始めるのです。過去のできていない部分を振り返ることなく「どうなりたいか」に焦点を当てるので，モチベーションを下げることなく解決の手がかりを探すことができます。

　従来のコーチングもまず「目標」を設定しますが，ビジネスに特化したコーチングである場合「目標を達成する」ために問題の原因を話し合うこともありますし，「今後起こりうる障害」を想定し，それに対処する方法を考えることもします。あくまで企業内の一社員としての目標設定とその達成という点から考えると，アプローチの仕方は違って当然だと思われます。

　生徒指導に活用されるコーチング・コミュニケーションは，どちらかというと「今の状況から今後どうなりたいのか」という意味での「解決」に焦点

を当てる手法のSFがよりシンプルで使いやすいと思います。

シンプルである点に関しては，臨床心理士である森氏が著書『解決志向ブリーフセラピー』でこう述べています。

「心理療法やカウンセリングと言っても，多くの流派・アプローチが存在しますが，その中でも何を提供することが最も皆さまのお役に立てるのだろうか考えた時，私たちは躊躇なく解決志向ブリーフセラピー（Solution-Focused Approach, SFA）を選んだのです。
　その理由はいろいろありますが，一つ目として，それが私たちの実践に（同じではないが）極めて近いということ。そしてこのアプローチが最もシンプルで学習しやすく，臨床心理学の『小難しい』基礎知識がまったく不要である」

出典：森俊夫・黒沢幸子『解決志向ブリーフセラピー』

SFベースのコーチングの流れはシンプルです。

①現状を聞く。
②望ましい未来の姿を聞く。
③「望ましい未来」がどういうものか具体化する。
④すでにできているもの（成功の芽）を探す。
⑤それを一つずつ増やす。

以上が流れです。対話中コーチ側に求められるのは，「傾聴」と「承認」です。そして，クライアントが話をする中で，自らの解決の芽を見つけられるように意識を集中することです。
　状況によって順番が前後することもありますが，この流れに沿って対話を行っている限り，解決に向かって話を進めることができます。ですから安心して取り組むことができます。

（2）どこででも使える

「コーチング」は，プロコーチにとってはビジネスですから，複雑でレベルの高いコーチングスキルや資格が求められます。またクライアントがコーチングを依頼する時は，最初に3か月の契約を結ぶというようなハードルの高さもあります。

コーチングが職業であり，有料である以上，コーチは依頼されるテーマに沿ってクライアントに望ましい成果を出してもらわなければなりませんし，またクライアントに目標を達成してもらうためにはある程度の期間が必要です。

こういう状況を考慮すると，一般的に出回っているコーチングに関する本は，読んだだけではわかりにくいですし，活用しにくいものが多いと思います。

一方，SF(解決志向)には「ブリーフコーチング」「ブリーフセラピー」という言葉があるように，テーマによっては短時間，1回のセッションで効果を出せるものがあります。しかもSFの基本的な考え方とルールがわかれば，どこでも使えます。

たとえば学校なら先生と子ども，病院なら看護師と患者，企業なら上司と部下，家庭なら親と子というように，あらゆるコミュニケーションにおいて，普段の会話をSF的なアプローチにすればよいのです。

たとえ10分15分の会話でも，そこにSFの基本を守りさえすれば，どこでも相手の「どうなりたいか」を引き出せるのです。

(3) 肯定感がベースにある

「肯定感」はSFの最も大きな特徴だととらえています。プライベートコーチングやコーチング講座を通じて痛感することは，自分自身のことを肯定できない人が多くいることです。

①人は人に認められ肯定されることで，生きる勇気をもらえます。②SFは常に「解決」に焦点を当て，肯定感をベースに問いかけるスタンスに立っています。③コーチ側の肯定的なサポートによって，クライアントは自己肯

第8章　ソリューション・フォーカス（解決志向）

定感や自信を取り戻すことができます。

　この三つの理由から，一般の方たちでもSFを十分に活用することができると考えています。筆者は長年，仕事としてコーチングを経験しましたが，コーチングにSFを導入した時，最初に感じたことは「こんなにシンプルでもクライアントがきちんと成果を出せるのだ」ということでした。みなさん，どうぞ活用して体感していただければと思います。

3　解決志向の「肯定質問」

（1）SFの肯定質問

　「質問」については，すでに第6章でもコーチングの基本スキルとして説明しています。コーチングの「質問」とSFの「質問」は基本的に同じであり，全くの別物というわけではありません。あくまで一般的に行われているコーチングの基本的な質問のスキルのベースがSF的なアプローチになっているということです。

　「答えはクライアントの中にある」という前提は，コーチングでもSFでも共通です。そのクライアントの答えを引き出すために，SFでは徹底的にクライアントのできているところに焦点を当てて質問していきます。

　筆者は，コーチングを始めて10年になります。コーチングを学び始めたころはクライアントの話を聞きながら，「次はどんな質問をしようか」ということが頭から離れませんでした。

　「質問」に気を取られて「傾聴」ができていないので，対話がちぐはぐで，コーチングがうまく機能していませんでした。この問題はコーチングを学ぶ多くの人が経験することだと思います。

　しかもその当時，プロとして有料でコーチングを請け負う限り，「クライアントには，本人が提示した目標を何が何でも達成してもらわなければならない」という強迫観念にも似た気持ちを強く感じていました。

　また，駆け出しコーチの頃は，クライアントが課題として決めた行動をし

53

なかった場合,「なぜ,しなかったのですか？」と,ついできなかった理由を聞いていましたし,「決めたことをしない自分をどう思いますか？」と,本人を責めるような質問さえしていました。

　これは「人」と「行動」を混同したとんでもない質問です。自分のコーチング技術の未熟さには気づかないで,どうにかしてクライアントに成果を出してもらいたいということしか頭になかった結果だと思います。今になってみれば穴があったら入りたいくらいのお粗末なコーチングでした。

　このような状況でしたから,「コーチングがうまくなりたい」という一心で,「交流分析TA」「NLP」「四つのタイプ分け」などさまざまなセミナーに参加したり,日本やヨーロッパでのSFの研究会にも参加したりするようになりました。海外のコーチとも交流を深め,海外からの参加者の多いSFワークショップを経験するうちに,自分のコーチングを振り返って改めて気づいたことがあります。

　「答えはクライアントの中にある」
　「クライアントは,本人が気づかないだけで成功につながる行動をすでに
　　行っている」

　その当時,「今さら！」と痛感しましたが,ようやくそれを再確認できたのです。クライアントはセッションの時に「できてない」「進まない」と言いますが,100％できてないわけでも,100％進んでいないわけでもないのです。クライアントの言葉を鵜呑みにして「できないクライアント」「進まないクライアント」と決めつけていたのは自分であったことに気づいたのです。

　たとえ１％でも２％でもできているなら,何ができているのか引き出し,それを増やしていけばゴールに到達するはずです。どこをどう「肯定的に捉える」のかが見えた瞬間でした。その視点は,それまでの自分が行っていたコーチングにはないものでした。

　どんな状況にあるクライアントでも,望ましい未来に向かってゴールを達

第8章　ソリューション・フォーカス（解決志向）

成する行動はすでに起こしているのです。コーチ側のこの軸さえ揺らがなければ，必ずクライアントは変化を起こせるのです。

　このクライアントの行動を肯定的に捉える姿勢が，質問の軸になっていなかったことに改めて気づいたのです。決して否定的にコーチングを行っていたわけではありませんでしたが，「肯定的」という感覚が腑に落ちていなかったのだと思います。SFに出合っていなければ，もしかしたら今でも，「質問」が単なるスキルのままであったかもしれません。

　では，「肯定的に聞く」とはどう問いかけることでしょうか？

　質問例：「なぜうまくいっているのですか？」
　　　　　「何があったからうまくいったのですか？」
　　　　　「そのような大変な状況でもここまで頑張れているのはなぜですか？」
　　　　　「どんな小さなことでもいいのですが，できたことは何ですか？」
　　　　　「どうやって，そんなすごいことができたのですか？」

　クライアントを信じて問いかける姿勢と「肯定感」が自ら考える人を育成することにとても効果的です。

（2）肯定質問事例

　2013年ドイツのバートピレモントでSFの事例研究会「SOL」が行われました。この大会で，一つの興味深いワークに参加しました。
　スウェーデン人のコーチが，3人の若者にグループコーチングをするというデモンストレーションでした。3人の若者は，さまざまな理由で働けない若者を対象に目新しいプロジェクトを立ち上げ，国からの援助を受けながら運営するという活動をしていました。
　このワークは，「どういうふうにグループコーチングをするか」「どういう質問をするか」「コーチングの進め方」という内容でした。その点でも大変

参考になりましたが，私が興味を持ったのは，「そのプロジェクトがうまくいった理由」でした。

夕食時にその若者の一人を捕まえて，こう質問しました。「ワークはとてもすばらしかったです。一つ聞きたいのは，あなたたちがこのプロジェクトを成功させたのは何がうまくいったからなんですか？」

その若者は，「自分たちがなぜうまくいっているのか」について，目を輝かせながら生き生きと話をしてくれました。実は，彼の英語がスウェーデン語なまりで，半分近く内容をつかむことができなかったのです。

しかし「肯定質問」がこれほど人を雄弁にするのだということに改めて気づかせてくれました。昼間のワークの時の若者とは別人のように，自分たちのやってきたことを楽しそうに，誇らしげに語っていたのです。

4 「問題解決」と「解決構築」

ミルトン・エリクソンの弟子，スティーブ・ド・シェーザーはこう言っています。

> プロブレム・トークはプロブレム（問題）を生み，ソリューション・トークはソリューション（解決）を生むのです。
> 　　　　　　　　　　出典：インスー・キム・バーグ『ブリーフコーチング入門』

当たり前のことのように聞こえますが，これが実はSFの重要なポイントなのです。

目の前で，何か起こった時，それが特に自分にとって不都合なことである場合，ほとんどの人が「問題」と捉えてしまいがちです。

一度何か問題が起これば，問題が起こった背景の情報を集め，その中から原因となるものを特定し，分析し，それに対する対応が導き出されます。その原因にアプローチしていくのが「問題解決」です。

一方，「解決構築」とは，今の状態からどうなっていたいのかを導き出す

方法です。どんなに困難な状態であるとしても，その「困難さ」の中に解決に結びつくような解決の芽はないのか，そういう可能性を見つけていくのが「解決構築」なのです。

　なぜ「問題」ではなく「解決」に焦点を当てるのでしょうか。実は「問題」を扱っている時に出てくる話題と，「解決」に焦点が当たり始めた時に出てくる話題とは違うことがあります。

　「問題解決」について考えている時の状況を考えてみましょう。何か「問題」を抱えていて，それをどう解決していくかという時は，どうしたらそのことが気にならなくなるかという方向で話が進んでいます。

　その時はその「問題」が解決しないと先に進めない気になっています。すると，ますます「問題」に注意を集中させる結果を招きます。その結果，解決どころか，身動きできなくなる可能性があるのです。

　一方，解決を構築する行為においては，「問題」をどう解決するかではなく，そもそも「解決できた時」とは，どういう状態なのかに焦点を当てて話し合います。視点は「解決できた状態」にフォーカスしていますので，「問題」とは全く別の次元で会話を進めていきます。そういう取組みを「解決構築」と言います。

　この方法は，特に人間関係に関する問題で役に立ちます。何か困ったことが起こった場合，私たちがやりがちなことと言えば，「何がいけなかった？」「どうしてこんなことになったか？」「なぜ，わたしなの？」，挙句の果てに「誰が悪い？」となります。

　つまり，人間関係から生まれるさまざまなできごとについて原因追究をすることは，問題を解決できないばかりか，人の関係性をさらに悪化させることになるのです。

　一方，起こった出来事に対して，現状を把握した上で「どうなっていればよいのか」という点にシフトすると，環境や周りの人のせいにすることなくより早く解決を導くことができます。

　毎年「解決志向」についての大会J-SOLが，日本でも開かれています。解

決志向を導入した組織や企業の事例発表や，ワークショップなどに参加できる大会です。この大会で「問題解決」と「解決構築」の違いを体験することができました。

　2010年，東京で行われたJ-SOLで，「肯定質問」をテーマにスウェーデンのマイケル・ヤート氏の講演がありました。彼のパフォーマンスは「禁煙したい人」が「問題解決」する時と「解決構築」する時の違いを明確に示してくれました。

　ステージの真ん中に小さなテーブルが置いてあります。その上には灰皿とタバコが置いてあります。まず彼が演じた禁煙したい人の行動は，テーブルのタバコと灰皿をじっと見つめながら，

　「禁煙するにはどうすればいい？」
　「タバコを止めるには？」
　「なぜ禁煙できない？」
　「禁煙できない自分は意志が弱いのか？」

と言いながら，そのテーブルから少しずつ後ろに後ずさりします。でも，意識はタバコから離れることはありません。
　その後，突然90度向きを変えてオーディエンスの方を向いてこうつぶやくのです。

　「タバコを吸わない生活ってどんな暮らしだろう？」
　「どんな新しい生活を送ってる？」
　「煙草に使っていたお金を何に使う？」
　「どれ位気分が爽やかだろう！」

　「タバコ」に注がれていた視点が，完全に「達成できた時はどうなっているだろうというイメージ」にシフトしたのです。

第8章　ソリューション・フォーカス（解決志向）

「問題解決」は，問題から意識が離れないのですが，「解決構築」になると「問題」から視点が外れて別の次元でものを考えています。「どうなりたいのか」に焦点を当てるのでゴールを達成しやすいのです。彼のパフォーマンスはこれまで参加したどのコーチングのワークでも経験したことのないほど，わかりやすく腑に落ちるものでした。

5　「プロブレム（問題）」と「ソリューション（解決）」ワーク

　SFコーチング研修でよく使うワークがあります。ここでは，具体的にどう進めていくのかを紹介します。
　「プロブレム・トーク対ソリューション・トーク」です。これは，起こった「できごと」について「プロブレム（問題）」と「ソリューション（解決）」2通りのアプローチを使って行うグループワークです。
　1回目の話し合いでは，起こったできごと「問題」について，どこまでも延々と原因追究をしてもらいます。
　「どんな問題が起こったのか？」「何がうまくいっていないのか？」
　「何が原因か？」「なぜこんなことが起こったのか？」などなど。
　次に，同じ「問題」で話を始めますが，その話し合いの途中で，予め役割を決めておいた「話題を切り替える係」が，早めに会話を切り替えます。
　「状況はよくわかりました。ところで私たちは一体この問題をどうしたらいいのでしょうか？　この問題が解決できたとして，状況がどうなっていればいいんでしょうね？」というように。
　この提案をきっかけに，さらに話し合います。たまに，また「問題」に焦点を当てた話し合いに戻ることもあります。そのたびに「話題を切り替える係」が，視点を「解決」の方向へと切り替えていきます。
　この二つのアプローチの違いを体験し，それぞれの感想を伝え合います。ほとんどの参加者の感想は，「『問題』ではなく『解決』に焦点を当てた話し合いはより早く解決に向かう」というものです。

研修でこのワークをするたびに感じるのは，話し合っている人たちの表情が全く違うことです。「問題」について話し合っている時は，表情が暗く，声のトーンが低く，話が弾みません。

　しかし，いったん「解決」に焦点が当たり始めると，参加者の表情が一変するのです。たとえその短いワークの中で「ベストな解決策」が出なくても，目の前の「問題」を事実としてとらえ，人に責任を負わせるのではなく，「今自分たちにできることは何か」に焦点を当てて解決しようというモチベーションが上がっています。参加者の視点が大きく変わるポイントになっています。

　この流れで，「問題」に視点の当たった話し合いからなるべく早い時点で「解決」に焦点を当てた話し合いに切り替えることが，問題解決への近道だということを体験できます。

　筆者もSFを学ぶまでは，何か不都合なことが起こった時にはその「問題」を解決するところに焦点を当ててコーチングしていました。

　クライアントは，結果的にはコーチングのセッションを経て解決して前に進むのですが，SFのこの「視点」を知って以来，コーチングの時間がとても短くなりました。

　それは，結果としてクライアントが考えなくてもよい「問題」に無駄な時間を費やしていたことになりますし，その間の一時的なモチベーション低下を考えると，SFをベースにしたコーチングは，はるかにシンプルで解決に向けて早くシフトできます。

●引用・参考文献●
・森俊夫，黒沢幸子著『解決志向ブリーフセラピー』ほんの森出版，2000年
・森俊夫著『"問題行動の意味"にこだわるより"解決志向"で行こう』ほんの森出版，2001年
・森俊夫著『先生のためのやさしいブリーフセラピー』ほんの森出版，2000年
・黒沢幸子著『タイムマシン心理療法』日本評論社，2008年
・インスー・キム・バーグ，イボンヌ・ドラン著，長谷川敬三訳『解決の物語─希望がふくらむ臨床事例集』金剛出版，2003年

第8章　ソリューション・フォーカス（解決志向）

- インスー・キム・バーグ，ピーター・ザボ著，長谷川敬三訳『ブリーフコーチング入門』創元社，2007年
- 青木安輝著『解決志向の実践マネジメント』河出書房新社，2006年
- 鈴木義幸著『熱いビジネスチームをつくる４つのタイプ』ディスカバー，2002年
- ジョン・オコナー，ジョセフ・セイモア著『NLPのすすめ』チーム医療，1994年
- 千葉英介著『心の動きが手にとるようにわかるNLP理論』明日香出版社，2003年
- 杉田峰康『あなたが演じるゲームと脚本─交流分析で探る心のうら・おもて』チーム医療，2004年
- 杉田峰康著『新しい交流分析の実際』創元社，2000年
- キャロル・S・ドゥエック著，今西康子訳『マインドセット「やればできる！」の研究』草思社，2008年
- 平木典子著『アサーショントレーニング』日本・精神技術研究所，1993年
- F・ピーコック著，鈴木尚子訳『咲かせたい花に水をあげましょう』ビーケーシー，2010年
- ビル・オハンロン，サンディ・ビードル著，宮田敬一，白井幸子訳『可能性療法』誠信書房，1999年
- アービンジャー・インスティチュート著，門田美鈴訳『２日で人生が変わる「箱」の法則』祥伝社，2007年

COACHING

第9章
機能するコーチングに

Kaoru Harada

1　コーチとしての在り方

　特にSF（ソリューション・フォーカス：解決志向）を活用している人たちには，大切に思っている基本的なスタンスがあります。それは「たとえクライアントがうまくいっていないように思っていても，そこには望ましい未来にむけて成功の芽が必ずある」ということをクライアントの中に信じること，そして，それをクライアントに気づかせることです。

　コーチは，クライアントが「あんまり進んでいません」「できていません」「なかなかうまくいかないんです」という言葉を基本的に真に受けないようにするのです。なぜなら，クライアントが何を言おうと，たとえわずかでもかならず「できたところ」「伸びたところ」「うまくいったこと」があるからです。

　コーチ側がこの信頼関係を大事にするからこそ，クライアントは安心して新しいことに挑戦できますし，それによって前進していけます。その「成功につながる芽」に焦点を当てて，相手に真摯に向き合うことが，コーチングを行う人に一番求められる姿勢だと思います。

　右に「コミュニケーションの木」があります。セミナーで「木の絵を描いてください」と伝えると，たいてい参加者はこういう絵を描かれます。

しかし，木にはかならず根っこがあり，ご存知のように実はそこが一番大切な部分なのです。私にとっての木の根っこが「SF」であり，そこから伸びていく幹や枝・葉が「コーチングのスキル」なのです。

コーチングとは単に「スキル」を活用することではなく，相手の成長を心から願い，その人が自分らしく自立して生きていけるようにサポートする一助であると捉えています。

2　自己肯定感を育てる

ジョン・ウィットモア氏は著書『はじめのコーチング』でこう言っています。

> 　自己信頼を育てるには，成功体験を積み重ねることに加えてその成功は自分が努力した結果であると認識する必要がある。また，人から信じられていること，つまり信頼され，許され，励まされ，支えられていることを知る必要がある。
> 　（中略）コーチングは，扱う任務や問題の内容がどんなものであれ相手の自己信頼を育てることを常に第一のゴールとし相手に働きかける。
> 　　　　　　　　　　　　　　　ジョン・ウィットモア『はじめのコーチング』

コーチングではさまざまなクライアントとセッションをします。大きな目

標を掲げてコーチングを始めたものの，実はそのクライアントは，「できない」「だめだ」「まだまだだ」と何があっても自分を肯定して受け入れることができない人だったということもあります。こういう自己肯定感の低い人は意外に多いように思います。そういう状況では何をすればよいのでしょうか？

　コーチングでは，小さな目標，つまり「スモールステップ」をたくさん達成させるという手法を使います。この「スモールステップ」は，人それぞれなので，どのレベルが「スモール」なのかは，クライアントの目標の高さやクライアントが目標への過程のどこにいるのか，さらにはクライアントの自信の度合いなどによって，本当にさまざまです。

　特に自己肯定感が低く自信のないクライアントの場合，「これならやれそう」と思えるレベルをじっくり聞いて実行可能な目標を立てることが大切です。

　一つ乗り越えたら，次の目標という風に，小さな成功体験を積み重ねることで「自分でもできる」という自信につながっていきます。決してコーチ側の価値観やレベルで行動を促さないように気をつけたいものです。

3　意味づけを変える

　この本を読んでいらっしゃる方は，学校で「問題行動を起こす」と意味づけられた子どもたちへの対応にコーチングが使えないものだろうかとお考えの方もおられるのではないでしょうか。

　ここで，少し「意味づけ」について考えてみましょう。

　森俊夫氏は「意味づけ」についてこう述べています。

　　ある「事象」に対して，我々はどんな"意味"を[与えている]のか，そしてどこまでが「事象」であって，どこからが「与えられた意味」であるのかについて，特に心を扱う立場の人ならば，敏感になっていなくてはなりません。そして，その多くは「実体」のない単なる「与えられた意味」に過ぎないのだという事を知っていなくて

はなりません。
　　　　出典：森俊夫『"問題行動の意味"にこだわるより"解決志向"で行こう』

　特に問題行動を起こす子どもでなくても，こういう例は多く見受けられます。たまたま同じ失敗をした人に対して，「なぜ，いつも同じ失敗ばかりするの！」とか，「何度言ったらわかるの！」という言葉を耳にすることはないでしょうか？
　もしかしたら，ひょっとして使っているかもしれません。その言葉に抗議できる人であれば，「いつもじゃない，これは３度目だよ」とか「何度もじゃない！　２回言われただけなのに」と言えます。
　でも，自分に自信がなく失敗しがちな人にとっては，言い返すこともなかなかできません。そうなると，「何度言ってもわからない人」というレッテルを周りから貼られてしまいます。これは，一般企業の職場でもよく起こっていることです。
　会社の上司は，決して部下が仕事のできない人になってほしいと思っているわけではないでしょう。きっと，仕事をテキパキと自発的にこなし，有能な部下に育ってほしいと思っているのではないでしょうか。
　もしそうであれば，問題や原因に焦点を当てるのではなく，「相手にどうなってほしいのか」をともに考える存在であってほしいと思います。
　そしてネガティブな「意味づけ」ではなく，ポジティブな「意味づけ」を与えてあげることはできないでしょうか。
　森氏もこう言っています。

　「意味」が単に「与えられた」ものにすぎず，したがって「いかようにも与えられる」のであれば，臨床家の仕事は，患者さんの問題や症状に，より扱いやすい「意味」を与え治してあげることだともいえるでしょう。
　　　　出典：森俊夫『"問題行動の意味"にこだわるより"解決志向"で行こう』

　誰かが意味づけた言葉で相手を決めつけてしまわないで，どうすれば解決

に向けて変化を起こせるのか，それぞれの中で小さな変化を起こしていくことが大切だと考えます。

4 「問題モード」を「解決モード」へ

　「問題解決」と「解決構築」の違いについては，第8章の4で触れましたが，私たちはともすると「解決」への意識が働くのではなく，「問題」そのものを意識しがちです。

　たとえば，相手の言動に接して，「はっきり返事をしない人」「問題意識のない人」「意欲のない人」「素直じゃない人」などと感じた時は相手の中に「問題」を見てしまった時です。

　その瞬間，私たちは「これは問題だ」と受け取ってしまうのです。そしてその「問題」を延々と深掘りして，身動きできない状態になってしまいます。本人にとっても，指導者側にとっても望んでいるのは「解決」のはずです。指導者側がコーチ役として相手にその人の問題を解決してもらう時は，「解決構築」以前に意識を「解決モード」にしておくことが必要です。

　相手の視点を「問題」から「解決を構築する」視点に変化させるためには，相手と一緒に「問題モード」になっていては解決への道が遠のきます。

　この手法は，コーチ役として相手に自分の問題を解決してもらう時に役立ちます。指導者側が「問題モード」にいるのか，あるいは「解決モード」で相手を見ているのかは，コーチングの結果に大きな差をもたらします。解決を望むのであれば，常に「解決モード」になって「どうすれば解決のことを話し合える関係になるか」が必要です。

　では，「解決モード」の意識とはどういうものでしょうか？　相手がどういう状況にいるにせよ，次のような意識で接することを「解決モード」と言います。

　　・この子は，どうなりたいんだろう？

- 良くなった時，どうなっているんだろう？
- この子は何が得意なんだろう，何に興味があるんだろう？
- すでにできていることは何だろう？
- どんな強みを使えばいいんだろう？　などなど。

一方，「問題モード」とはどういうものでしょうか？
- 何が・誰がいけないんだろう？
- なぜこうなってしまったんだろう？
- どこに問題があるんだろう？
- 何を取り除かなくてはいけないんだろう？
- どこを直さなくてはいけないんだろう？

　この「問題モードは」私たちの多くが「問題行動がある」と言われる子どもたちを見る時に，一度ならず心の中で感じることではないでしょうか？「何が原因で何が問題なのか」を意識する前に，「どうすればこの状態から解決できるのだろうか」という意識にシフトすることができるならば，しかもそのシフトが早ければ早いほど，解決も早くやってきます。
　まず自分の意識はどこに焦点が当たっているのか，振り返ってみてください。

5　困ったことは外在化で解決（困った症状にニックネーム）

　「痛いの痛いのとんでけ〜」。これは誰でも知っている言葉です。体のどこかが痛いのに，それを体の外に取り出してどこかに飛ばしてしまう。よくよく考えると少し不思議な言葉ですね。
　しかし，SFではこれを一つの対応の方法として用いていますし，私もコーチングの時に大変便利なツールとして活用しています。
　ここでお伝えしたいのは，何か困った症状が出てくる時に，どのように対

処するかという方法です。この方法は「外在化」と言われています。
「痛いの痛いのとんでけ〜」と同じように，体の中で感じているものを外に取り出して，名前を付けてしまい，それに対しての対処方法を考えるのです。

　大事なことは，「人」と「症状」を分けることです。次のようなことを経験したことはありませんか？

　試験が目の前に迫っている。どこをどれくらい勉強する必要があるかわかっているし，どれくらい時間を取らなくてはいけないかも自覚している。でもついつい，勉強しているうちに，何か別のことが気になって「ちょっとだけ」のつもりが延々と時間が過ぎてしまっていた。気がついた時にはいつも「自分はなんて集中力がないんだろう」「なんて意志が弱いんだろう」と自分を責めてしまう。

　この状態が何度か続くと，次に何かに挑戦しようと思った時に頭をよぎるのは，「また挫折するのではないか」「どうせ続かない」という自己否定の言葉です。「外在化」することでここを回避できるとしたら，試してみる価値はあると思いませんか？

6　外在化によるコーチング事例

　「外在化」がどう機能するのか，コーチングをしたクライアントの実例を紹介します。

　このクライアントは，大学で教育心理学を教えている先生で，論文を書くためにコーチングを受けたいということで来談しました。

　「一人でもなんとかやっていけそうだが，コーチングを受けて，決めたことをきちんとこなすためにオブザーバーとしてのコーチの存在が必要だ」ということでした。

　コーチングが進むうちに論文執筆を邪魔しようとする「何か」が現れてきました。仕事中に時々「なあなあ」になって仕事をボ〜っと先送りする自分がいるというのです。そのたびに，自分を責めて気分が落ち込むのです。「や

らなければいけないことはわかっているし，締め切りもある。それなのに，なんて自分は意志が弱いんだろう」

そこで，「外在化」です。

「そういう，甘いお誘いをかける「そいつ」に名前を付けるとしたら，どんなニックネームをつけますか？」と聞きました。最初は「はぁ？」という反応でしたが，少し考えてでてきたのが，「プロクラスティネーション」（先送り）でした。

う〜ん，悪くはありません。そこでこう説明しました。「そのニックネームの役割は，『そいつ』が出てきて，『あっ，出てきたな』と思った時に，『またか，困ったもんだ！』と人ごとのように軽く笑えるような状況にすることです。もう少し短くて親しみのある名前がいいのですが……」

説明を理解していただいて，クライアントがつけた名前が「ポレポレくん」でした。何やら，憎めないかわいい名前ですね。名前が決まったところで，「ポレポレくん」が現れた時の対処方法を考えてもらいました。

いくつかの答えの中からそのクライアントが決めたのは，「出てきたな」と感じた時に「ポレポレ君，午後9時からなら，ダラダラしていいよ」でした。

この外在化をしてから，落ち込むこともなく，胸を張ってダラダラする時間も取りながら，楽しく仕事に取り組めるようになったと言います。

このように，本人の中に「内在化」した「問題」を取り出して，それを第三者的な視点で眺めることで，本人と「問題」を分けるのです。そしてその「問題」に対処する方法を考えていく手法を「外在化」と言います。

7　目標設定は「ど」で始まる質問から

コーチが普段やっているコーチングには，決まった進め方があります。セッションの始めに「今日のコーチングのテーマはなんですか？」とか，「今日は何をテーマに話を進めていきますか？」と聞くのです。

コーチングを受けようと思うクライアントには達成したい目標があります。逆に「現状の問題を解決したい」という目標があって依頼されることもあります。
　ですから「目標」という言葉に抵抗はありません。しかし，教育現場で面談するときは，きっと状況が違うのではないかと思うのです。
　突然「将来の目標は？」と聞かれて，即答できる子どもはそんなにいないのではないでしょうか。できていない，進んでいない現状の話をあれこれとしっかり聞いてあげて，その後に効果のある質問がこの「ど」から始まる質問です。
　「わかった，今はいろいろ大変なこともあるかもしれないけれど，ところで将来（中学，高校，大学に行った時，あるいは社会に出た時），

　　・どうなっていたらいいと思う？
　　・どんなことができていたらいいと思う？
　　・毎日がどうだったらいい？
　　・どんな〜ならできそう？」

などなど。
　とても柔らかい雰囲気で聞いていますが，実は「将来こうであったらいいなぁ」というゴールの姿を聞いているのです。この質問をしても，すぐに明確な答えが返ってくるわけではありません。
　もしすぐに答えたとしても，否定的な表現を使うことがよくあります。たとえば，「人と話す時に緊張しなくなること」とか「野球の試合で空振りしないようになる」というような表現です。

　ここで，第4章2の目標設定を思い出してみましょう。

　①大きなものではなく，小さなものであること

②抽象的なものではなく，具体的なできれば行動の形で述べられるもの
③否定形（〜しない／〜ではない）ではなく，肯定形（〜する/〜できる）で語られる行動であること

　目標は小さければ小さいほど達成しやすくなります。できるだけ，確実に達成できる小さなものから挑戦することが大事です。小さな成功を積み重ねることで自信がうまれます。
　もし抽象的な言葉で答えた時は「〇〇って具体的にどういうこと？」「もう少し詳しく話してくれる？」という対応が必要です。
　否定形で語られた場合，「緊張しない代わりにどうなっていればよいですか？」とか，「空振りではなくボールをどんなふうに打てればよいですか？」と肯定形で言い換えてもらいましょう。
　肯定形で具体的に述べられて初めて，何をすればよいのかという行動目標に結びついていきます。

●引用・参考文献●
・ジョン・ウィットモア著，清川幸美訳『はじめのコーチング』ソフトバンククリエイティブ，2003年
・森俊夫著『"問題行動の意味"にこだわるより"解決志向"で行こう』ほんの森出版，2001年

COACHING

第10章
クライアントのタイプ

Kaoru Harada

　クライアントにはさまざまなタイプがあります。タイプに応じて対応の仕方を変える必要があります。クライアントには，以下のように3つのタイプがあります。

　①ビジター
　②コンプレイナント
　③カスタマー

1　ビジターとは

　ビジターとは問題を感じていないか，感じているとしてもそれを表さない人。問題を感じても変化したいと思わない，あるいは変化できるとも思わないタイプです。

［対応］

　「話がある」と言って先生に呼ばれた子どもは，叱られるのではないかと思って緊張しているか，開き直って頑なになっているかではないでしょうか？

　そういう相手であっても，現れた時は，まず面談に来てくれたことに「来てくれてありがとう」と伝え，頑張っていることを見つけ，褒めたり労ってあげましょう。

　本人も私たちも求めているのは「解決」であって，「問題をこじらせる」

ことではないはずです。雑談の中で，相手の現状をとことん聞いてあげることです。相手に興味を示してあげることです。

これまで周りの大人に自分自身をわかってもらえる機会や，話を聞いてもらえる機会がなかった子どもたちであれば，自分の話に耳を傾けてくれる大人の存在は，心を開くチャンスになりえます。うまくいっているところをほめ，興味のあることについて話をしてあげましょう。

相手がいわゆる「問題児」とされている子どもであっても，決して最初から「こんなことやっていいと思ってるの？」というような説教はしないでください。「いっしょに解決を目指そう」というメッセージが相手に伝わるまで，まずは「傾聴」です。その方が結果として，本人が変化を起こすきっかけを見つける早道になります。急いで相手を変えようとする態度はかえって相手を頑なにしますし，問題が長引くだけです。

2　コンプレイナントとは

コンプレイナントとは，問題があると感じていて，困ってもいるし，何とかしたいとも思っている人。しかしその問題は自分ではなく，周りの人が原因だと思っています。解決するには，自分以外の人に変わってほしいと思っており，自分のことを棚に上げて人の批判をするタイプです。

［対応］

「ビジター」と同じように何でもいいからほめてあげましょう。相手が愚痴を話す時には「そんな大変な状況でも，これまで頑張ってこられたんだね」「どうやってそんなことができたの？」（肯定質問です）と相手の話をしっかり聞いてあげましょう。

こういうシーンを繰り返すことで，本人の言葉の中に「何かやってみようかな」という雰囲気が伝わってきた時は，第4章2の目標設定の個所で述べたように「で，○○でない代わりに将来どうなりたいと思ってるの？」というような質問を投げかけてみるのもよいと思います。

やはりここでは，一緒に解決を構築するというメッセージを伝えること，相談を受ける人が「問題モード」に引きずられないで「解決モード」にいることが大切です。

3　カスタマーとは

カスタマーとは，何か問題を抱えているが，自分の問題としても捉えていて何とかしたいと思っている人。

［対応］

ここでもやはり，できているところをほめてあげましょう。そして，本人の目標を聞いてゴール設定までいけるとよいですね。

ゴール設定で特に大切なポイントは「具体的」なことです。具体的な行動計画をこちらから提案してみるのもよいかもしれません。しかし，あくまでも本人の主体性に任せるのが本来のコーチングのあり方です。

以上三つのタイプは，たとえば「この人はビジターだ」と明確にわかるわけではありません。どのタイプであるにせよ，接する際には注意しなければいけない点があります。

タイプは単なる「違い」であって，良い悪いということではありません。ですから，それぞれのタイプに自分の側の価値観を持ち込むと，相手はコーチに対して，それまで接してきた大人と何ら変わらないと感じます。

まずは聞くこと，そして，どんな小さなことも認めてあげること。そこから始めることが結局，子どもの心に変化を起こすための一番の近道だということを心にとめておいていただきたいと思います。

COACHING

第11章

子どもの個別指導

Noriko Katayama

　目標がないとコーチングは使えないというのが，コーチングに対する一般的な考え方です。このため，問題行動を起こすなどマイナスの行為をする子どもにはコーチングは使えないと思われがちですが，筆者（片山）はそうは考えていません。世の中に本当に目標がない子どもなどいるでしょうか？

　「目標なんてないよ……」「なりたいものなんてないし……」と，公然と口にしたり，いきがって「自分なんかもうどうなってもいいんだ」と言う子もいますが，本心ではないのではないでしょうか？

　心の奥底では，「ああなりたいとか，もやもやした思いはあるのだけれど，何と言って表現したらよいのかわからない」という忸怩たる思いを持っているに違いないと信じたいですね。

　以下，生徒指導上，相談の多い，いじめ・不登校・非行を取り上げ，いじめる子へのコーチング，不登校の子へのコーチング，非行に走る子どもへのコーチングについて考えてみます。

1　いじめに

　2011年10月に滋賀県大津市の中学校でいじめ自殺事件が起きました。中学2年生の男子生徒が同級生から執拗ないじめを受けていたことを苦にし，自宅マンションから飛び降りて，自ら命を絶ったのです。この事件を受けて，2013年6月「いじめ防止対策推進法」が成立しました。この法律は，いじめを未然に防止し，いじめまたはその兆候を早期に発見し，国や地方自治体がい

じめに関する事案に対処して，その適切な解決を図ることを求めたものです。

　そうした法整備が進む中，2015年7月には岩手県矢巾町で，中学2年生の男子生徒が同級生からのいじめを教員に訴えていたにもかかわらず，救われることもなく，自ら死を選んでしまう事件が起きました。法整備が進んでも現実はまだ追いつかず，いまだ状況は大きく変わっていないのです。

　これら深刻ないじめ自殺事件はマスコミで大きく報道されますが，現実には文部科学省の調査結果を上回る，数えきれないほどのいじめが発生しているものと思われます。ここで筆者らがコーチングを活用してはどうかと提案したいのは，いじめられる側の子どもより，むしろいじめを行う側の子どもに対してです。

　そもそもなぜ子どもは，人をいじめるのでしょうか？　人は，自分の心が満たされない時に人をいじめてみたい心が生じやすくなります。人間というものは，か弱いもので，自分が満足できない状態にあると，周りにいる者にそのエネルギーを負の形で向けたくなるのです。無意識のうちに擬似快感を求めていると考えられます。

　擬似快感とは，真の快感ではなく，自分をごまかして一時的に満足感を得る感覚のことです。人は皆，自分の存在を確認したいと思い，自己肯定感を得たいと願っています。自分が生きていることを確認するための快感を得たいと無意識のうちに考えているのです。しかし，夢中になれるものがなく，真の快感を得る環境からほど遠く，それに加えて暇を持て余すことや集団の規範意識が弱いことなどが重なると，いじめに駆られやすくなるのです。そのように，満たされない思いでいじめに駆られる子どもの気持ちを思うと，いじめる側の子どもにこそ対応が必要だと考えるのです。

　わが国では一般に，いじめられる側の子どもにカウンセリング等の対応が必要だとみなされますが，欧米ではいじめる側の子どもに対しても対応が必要だという認識にあるようです。

　例えば，子どもへの関心が薄い親に育てられると，子どもは自分に価値を見出せなくなる，また普段はまったく関心を向けられず，何かあると激しく

叱られることが重なると，子どもはさらに自分を無価値な存在ととらえてしまい，他者をいじめるといった研究結果もあり（多賀1997），いじめる側の子も放っておくと，その子自身にとって不幸な結果になると考えられているのです。

いじめている者はいじめを軽い遊びだと考えがちですが，いじめを受けている側にとっては苦痛を感じることであり，人権侵害といえ，犯罪に相当する場合もあります。わが国でも，いじめる側の子に向けた対応を一歩進めていくことが考えられてもよいのではないでしょうか？

実際，子どもは必ずしも意識していじめようとしているわけではなく，遊びの延長だという認識で行っていることが非常に多いのです。

松谷みよ子の絵本『わたしのいもうと』の「あとがき」に，「あれはたしかイソップだったと思うのだが，池の蛙が石を投げる子どもに対して叫ぶのである。『あなたたちには遊びでも私には命の問題なの』」とあります。

いじめを行う者といじめを受ける者の立場の違いによって，一つの行為は両者の間で受け止め方が大きく異なります。でも，いじめる側の子どもはそれに気づかないのです。彼らは，道徳性が十分に育っておらず，規範意識が極めて弱く，残念ながら周りの大人にも恵まれていないことが多いため，自分自身では気づきにくいのです。

そこで筆者らは，いじめる側の子どもにコーチングを活用してもらいたいと考えているのです。いじめる子は，先述したように疑似快感を得たいと感じています。コーチングの考えやスキルを用いて対話し，彼らが自分自身で目標を明確にしさえすれば，彼らは自ら目標に向かって真の快感を得ようと歩き出すのではないでしょうか。

2 不登校に

文部科学省によれば，「不登校」とは，「何らかの心理的，情緒的，身体的，あるいは社会的要因・背景により，児童生徒が登校しないあるいはしたくと

もできない状況にあること（病気や経済的理由によるものを除く）」です。

不登校の状況は、平成26年度では、小学校で25,866人、中学校で97,036人（中等教育学校前期課程を含む）の合計122,902人が不登校児童生徒として報告されています（文部科学省初等中等教育局児童生徒課）。1000人当たりの不登校児童生徒の割合は（図1）、この10年ほど大きく変化していないのが現状です。また、学年別不登校児童生徒数は図2に見るとおり、中学生になると急激に増えているのがわかります。

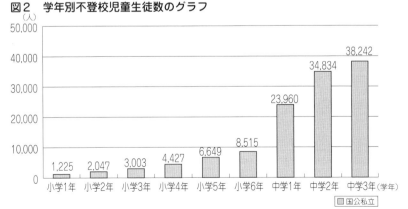

図1　不登校児童生徒の割合の推移（1,000人当たりの不登校児童生徒数）

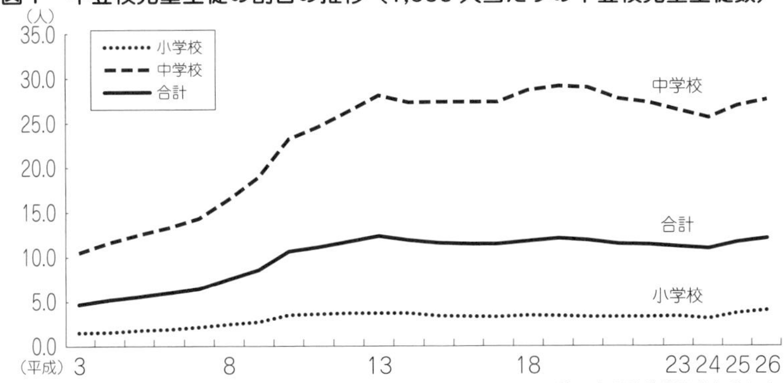

(注) 調査対象：国公私立小・中学校（平成18年度から中学校には中等教育学校前期課程を含む。）

図2　学年別不登校児童生徒数のグラフ

出典：文部科学省児童生徒課「平成26年度 児童生徒の問題行動等生徒指導上の諸問題に関する調査について」

第11章　子どもの個別指導

　学級担任制の小学校と教科担任制の中学校とでは，学校や教員の醸し出す雰囲気や文化が異なります。子どもの行動範囲や交際範囲はSNSを含めて広がる一方ですが，彼らが対人関係を上手に築くことは，かつての社会に比べてより一層難しくなっており，小学校から中学校へ進むと不登校の原因の一つであるいじめも起こりやすいのです。先に取り上げた，いじめと不登校は，表裏一体の現象ともいえますね。

　子どもが不登校になると，保護者は狼狽して，精神的に不安定な状態に陥ることが多いものです。学校に行かないわが子を目の当たりにした親は，相当なショックを受けることが想像できるでしょう。欠席が続くと通常，担任の家庭訪問がなされますが，どうしたらよいのか戸惑う保護者の不安をまずは和らげるよう努めたいものです。

　この場面で，コーチングが使えるかどうかは状況に応じて変わってきますので注意してください。あくまでも，状況をよく見極めて慎重に臨んでくださいね。ただ，状況が許せば子どもはもちろん保護者にもコーチングを活用することは可能だと考えています。

　状況が許せばというのは，少なくとも子どもが，コーチの役割を担う先生を信頼しており，その上で口に出して言わなくても「変わりたい」という意志が見て取れた場合です。また，保護者についても先生を信頼してくれており，保護者自身がその子のために変わりたいと望んでいることが感じ取れた場合ということです。

　学校に行きたくない理由は，子どもによって異なりますし，その解決は本人にとっても家族にとっても，もちろん先生にとってもそんなに簡単なことではありません。決して無理してコーチングを使おうとしないでくださいね。

　コーチングを使ってみたところ，子どもによってはいくつかの困難がクリアできれば学校に行けるようになるでしょうし，かりに本人が行かないという選択をした場合であったとしても，その子はその子なりの目標を見つけて，別の方法で人生を歩み出せばよいのです。子どものそうした自立のプロセスをコーチングによって支援すると考えたらよいでしょう。

3　非行少年に

　非行少年の多くに共通するのは，保護者からの愛着を欠いている点です。保護者に話をじっくり聞いてもらったこともなければ，彼らの内に潜み，蓄えられているはずの潜在力を引き出してもらった経験も少ないのです。
　下記は非行少年が，児童自立支援施設に入所した後に書いた作文の一部です。

　　僕は，ここに来るまで自分の思うようにして，親と先生と児童相談所の人とかにめちゃくちゃ迷惑をかけていました。例えば，恐喝したり，家に帰らなくなったり，学校に行かなくなったり，喧嘩をしたり，色々なものをとったり，他にも色々なことをしました。今になって僕は「なんで，こんなことしたんかなぁ」と思っています。
　　小学校の頃は，まじめに学校に行っていたけれど，五年生になってから勉強がわからなくなり，宿題もやらなくなって，学校がおもしろくなくなりました。それよりも，友だちと授業をさぼっている方が楽しいと思うようになりました。そうするうちに「学校もさぼったれ」と思うようになりました。
　　中学一年生になると，初めは授業に出ていたけれど，やっぱり勉強がわからなくて授業をさぼっていました。そのことを先生に注意されると，むかついて手を出していました。その時は，僕のために言ってくれているとはわかりませんでした。それなのに僕は，自分の思い通りにならないと，むしゃくしゃして手を出すことが多かったです。そうやって悪いことをして捕まることが増えていきました。そうやっているうちに児童相談所に呼び出され，「次になにかやったら鑑別所だよ」と言われたけれど，また悪いことをしました。その時は遊びに夢中でした。そうしているうちに少年鑑別所に入ってしまいました。
　　いつも手を出したり，迷惑をかけていた先生が，鑑別所に面会に来てくれました。僕は「今まで先生に手を出していたのに，なんで面会に来てくれるんやろう」と思って弁護士の先生に聞くと，「君の将来のためだよ」と言われました。僕のせいで色々な人に迷惑がかかっているということがわかりました。
　　（中略）
　　初めは色々あったけれど，今は曲がった道を正しい道に直す努力をしています。色々なことがここに来て直ったりして本当によかったです。これからも先生や寮母さんに色々なことを学びたいと思います。僕の夢はまっすぐの道に行くことです。
　　　　　　　　　　　　　　　　　　　　　　　　　－ある児童自立支援施設にて
　　　　　　　　　　　　　　　　　　　　　　　　　片山紀子『新訂版 入門生徒指導』

上記の少年は、いろいろあって児童自立支援施設への処遇が決定したわけですが、おそらく児童自立支援施設の寮父さんや寮母さんたちに指導を受けながら立ち直るプロセスにいるのだと思います。

　実はこの作文では書かれていないので、推測でしかないのですが、おそらくこの少年の寮父さんや寮母さんはコーチングを学んではいないでしょう。にもかかわらず、コーチングに近いことがこの少年に行われたのではないかと考えます。実際、習ったわけでもないのに、自然とコーチングに近い指導を行うことができている人もいるのです。

　世の中には、児童自立支援施設などに処遇されず、一見見過ごされている子どもたちの中にも、問題行動を繰り返す少年は多数存在しています。そうした少年の多くは、大人からいろいろ教えてもらう機会に恵まれず、どう生きたらよいかが自分自身ではよくわからないで喘いでいるのです。

　彼らに「君はどうなりたいの？」と質問し、コーチングによって彼ら自身の持っている力を引き出してやれたら、彼らの人生はきっと変わっていくと思います。

　こちらの考えを押し付けるのではなく、コーチングで彼ら自身に考えることを促し、彼ら自身の力で立ち上がるのを手助けしていけたらよいですね。

●引用・参考文献●
・片山紀子著『新訂版　入門 生徒指導』学事出版，2014年
・松谷みよ子著『わたしのいもうと』偕成社，1987年
・澤登俊雄著『少年法』中公新書，1999年
・内閣府『青少年白書』時事画報社，2015年
・警察庁『警察白書』ぎょうせい，2015年
・武田さちこ著『あなたは子どもの心と命を守れますか！』WAVE出版，2004年
・ダン・オルウェーズ著，松井賚夫・角山剛・都築幸恵訳『いじめ　こうすれば防げる―ノルウェーにおける成功例』川島書店，1995年
・多賀幹子著『いじめ克服法―アメリカとイギリスのとりくみ』青木書店，1997年
・高橋たかこ著『福祉先進国スウェーデンのいじめ対策』コスモヒルズ，2000年

COACHING

第12章

コーチングはゆったりと

Noriko Katayama

1　プロローグ

　筆者（片山）は，大学の教員をしていく中で，最初は学生が本来の悩みとは違うことを悩みだと言って，相談に来る場面に何度も遭遇しました。

　ある男子学生の例です。彼は，教育実習先に提出する指導案がうまく書けないと言ってやって来ました。指導案に関してはスペシャリストでも何でもない筆者ですが，追い返すわけにもいかず，とりあえず「この欄にはこういうことを書いてみたらどうか」と，あれこれ相談に応じることにしました。

　40分ほどが経ち，終わろうかなと思い始めた頃から，彼の本当の悩みに関する話が始まったのです。

　指導案についてひとしきり尋ねた彼は，やがて実習先の指導担当教員とうまくいきそうにないことを話し始めました。悩みの核心は，指導案が苦手なことではなくて，実は指導担当教員との関係にあったのです。

　つまり，指導案について筆者に尋ねている40分ほどの時間は本題に向かうためのプロローグだったのです。彼はその間，無意識に私の品定めをしていたのだと思います。心の鎖が解けた彼は安心感から本音を話し始め，「あぁ，これは，指導案の問題ではなく，対人関係の自信のなさの問題だったんだ！」と二人で合点しました。

　またある時，女子学生が，「将来教員になれば子どもの前で話さなくてはならないのだけれど，どうしても話が下手でうまくいかない」と言ってやっ

て来ました。それほど下手だとも思いませんでしたが，とりあえず話を聞きました。

これまた30分ほど経った頃，母親との関係で悩んでいることを打ち明け始めました。やがて，「お母さんからのプレッシャーに耐えられなくなったのね」と，二人で頷きながら納得したのです。

こうした事例を通して，人は心の負担になっていたり，迷ったりしていることを自分自身ではっきりと認識しているわけではないこと，そして，そのために困っていることを直に相談しに来るわけではないことを悟りました。人はなんとなく不安を感じた時，別の理由を口実に，顔を見せ，話をしに来るのです。そして本人自身もそのことに気づいていないのです。

子どもがなんとなく先生のところへ来る時はコーチングへの大切なプロローグではないかととらえるとよいかもしれません。

そしてそこにコーチングの考えや技術があれば，かつての生徒指導のように，指示するだけにとどまらない，あるいは受容するだけにとどまらない導き方ができるのではないでしょうか。

ただし，それにはある程度時間を要することを覚悟しておかなくてはなりません。時間がゆったりと流れている中で，子どもは解放され，初めて素顔を見せるのです。

2　男子高校生のコーチングで

ここで，ある高3の男子生徒の事例を紹介しましょう。縁あって母親から相談を受け，筆者が少年をコーチングした例です。

手始めに，知り合いのおばさん（筆者）がふらりと遊びに来て世間話でもするかような雰囲気で彼と会話を始めました。相手を気負わせないためには，また信頼関係をつくるにはこうした環境づくりはとても大切なポイントになります。

彼は，お母さんの話すとおり，受験が目の前に迫っているにもかかわらず，

進路も決まらず，毎日ぶらぶら過ごしていることが彼の話を傾聴する中で確認できました。学力は高いので，上位の大学に難なく入れそうなのですが，とにかく勉強をする意欲がわかない様子で，学校から帰宅してもDVDで映画を見る毎日だそうです。

傾聴を通して，まずわかったことは，なりたいものがないということ，次にわかったのが行きたい大学がないということ，そうなると当たり前ですが行きたい学部もないということ。無気力に近い感じでした。学力が高いにもかかわらず……です。

ただ，いろんな映画を見て知識量が多いので，「よくいろんなことを知っているね」と言って，話を傾聴しながら承認するようにしました。

プロローグの期間が長いことを覚悟し，毎回とにかくじっくりと話を聞きました。ある時は，「好きなことは映画観賞の他に何があるの？」，その次の週は「どういう仕事をしている自分になりたいの？」，さらに翌週は「憧れる職業にはどんな仕事を思いつく？」「ほかには？」……。

会う時は，複数のことではなく一つのことを中心に質問していきました。この期間は，振り返れば，実に長かったように思います。あれこれとアドバイスしたくなるのは山々ですが，コーチングではそれは決してしません。ですので，質問しながら傾聴することに徹しました。

彼は，やがて就きたい職としてさまざまな職業を挙げました。「金融トレーダー」「民間企業の研究職」「経済学者」「物理学者」などなど。文系・理系を問わない職業が次々と挙がっては消え，消えては挙がるのです。彼がこだわっていたことといえば，物理学への強い思いでしょうか。幼いころから理科が得意，というよりも大好きで，それを職業として活かすかどうかを迷っていました。

しかしながら，この段階では，職業のことにふれながらも，社会全般の話題について話す時間が大半だったように思います。とにかく彼がたくさんのことを知っていることを認めていきました。この時点ですでに5カ月ほど経っていたでしょうか。

そんなある日，母方のおじいさんが急に倒れ，心臓の手術を受けることになりました。病院でその様子を見守るなかで，病院スタッフの命を存続させる行為に感銘を受け，突如医師になることを決断したのです。決断してから，彼の勉強への集中力はすさまじく，もう迷いなどありませんでした。

　この事例では，おじいさんの手術に立ち会ったことが，彼の進路を決定づけたように見えるかもしれませんが，おそらくただそれだけではないように思います。繰り返される対話を通してさまざまな肯定質問がなされ，彼は自分自身のことや自分の将来について整理し，じっくり考えることができるようになっていたはずで，すでに彼の伏線は整っていたのです。

　このように，子ども本人にコーチングを必要とするような自覚がさほどなくても（心の奥底ではもがいていると思いますが），こちらが素知らぬ顔で気長に傾聴を続けることによって，子どもが自分で立ち上がるのを助けることができるのがコーチングです。

　このケースでコーチングに要した月日は，およそ半年でした。実にゆっくりと時間が流れる中で，考えていないように見えた彼も，内心ではいろいろと考えていたことが，後からわかりました。コーチングを受けながら，彼の中で考えを整理し，それがある時，一つのきっかけによって急に形になったのではないでしょうか。

COACHING

第13章

場面別指導事例Q&A

Noriko Katayama/Kaoru Harada

　本章では，学校現場にいる先生からの相談に筆者ら（片山・原田）が応じるQ&A形式で，対応の仕方を記しています。

　しかしながら，具体的な対応の仕方は最後まで書いていません。なぜならば，それは状況に応じて変わってくるからです。一律にこの状況はこうして，ああしてとはいかないのです。

　みなさんにわかっていただきたいのは，「コーチングをする前に，まず，コーチとしてのスタンスを整えてください」ということです。これに尽きます。

　「コーチング」は「単なるスキルではない」ことが，わかってもらえるだけで，教育現場が変わるのではないかと，筆者らは期待しています。

1　いじめを行う子どもに

Q　家庭的にやや恵まれず，人を嘲笑したり，意地悪をするなど友達をいじめることに喜びを見出す中2の男子A君。勉強は中の中といったところです。部活動ではサッカー部に所属していますが，欠席も目立ちます。担任としてコーチングを用いて対応したいのですが，どのようにしたらよいでしょうか？

A　勉強は中の中，サッカー部に入っている，「休みが目立つ」ということですが，それでもまだ登校している日にちの方が多いということですね。

家庭的にも恵まれていて，いわゆる「問題」も抱えていない生徒の中にも，成績が低い，部活もせずぶらぶらしているといった子どもはいるはずです。

　これを逆に，家庭的に恵まれない状況で，なぜ彼は今の状態を維持できているのでしょうか？　とソリューション・フォーカス的に考えると，そこに問題解決の「芽」があると思います。部活をしながら，どうやって「勉強は中の中」を維持しているのか，私だったらまずはそこから聞いてみたいですね。

　もし，家庭の状況が本当に大変な状態であれば，「家が大変なのに，よく部活を続けながら勉強も頑張っているね。どうやってそれを維持できているの？」と聞きます。これはいわゆる例外質問です。

　そこをじっくり聞いてあげて，その後，彼が「どうなりたいのか」「高校でどのように過ごしているのか」について話をしていくようにしたいと思います。

　コーチングスキルに自信がなくても「聴くこと」はできます。ここは，小言や意見は横に置いてじっくり聞く，そして今彼のできていることを承認してあげる。そうすると本人も，自分が意外に頑張っているんだということ，先生がそれを認めてくれるんだということに気づきます。

　そういうことに触れて，彼の中に初めて自信の芽が生まれます。小さな自信を継続的に増やすことで「いじめ」に向いていた視点が「成績を上げる」「サッカーがもっと上手になる」あるいはもっと別のものに変わってくるはずです。

　「いじめ」について話し合っても，視点が「いじめ」から変わらないだけで，解決に向かうことはありません。しかも，人から「いじめは良くないことだからやめなさい」と言われて，素直にやめるでしょうか？　そういう子であれば最初からいじめなどしていないはずです。

　本人もきっとわかっているはずです。人から言われたからではなく，「自発的にいじめをやめる」を選択することが，これからの彼の人生に大きな影響をもたらすと思います。

2 不登校の子どもに

Q 中1の女子Bさん。両親は共働きで，日中は家にいません。中1の10月ごろから，休みが目立つようになりました。友達にいじめを受けているといったような情報はなく，これといった原因が見当たりません。これまでの出席状況は良好でした。成績は中の上くらいで，部活動は体操部です。来週会って本人と話をすることになっているので，コーチングを意識して面談したいのですが，どうしたらよいでしょうか？

A　「休みが目立つようになりました」ということですので，どれくらいの頻度かわかりませんが，学校には通っているということですね。

いじめを受けているわけでもないし，成績も低いわけではない。ここにも，例外質問を使えます。まずは先のQでも述べたように，面談をするのであれば，本人にとってきっと良い理由で呼ばれたとは思っていないでしょうから，まず来てくれたことに「ありがとう」を伝えてあげてください。

そして，学校を休みがちなことについて本人はどう感じているのか聞いてみましょう。決してお説教や小言っぽいことは言わず，ただひたすらBさんの話を聞くことです。これがうまくできると信頼関係が構築できます。

現状がつかめたところで，例外質問です。「そんな中でも学校に来れる日があるよね。そういう日はいったいどんなふうにして学校に来てるの？」「何があったから学校に来れたの？」と聞いてあげましょう。

「へぇ～，すごい・すごい」とか「なるほどね」「ほかには？」「もっとある？」というふうにたくさん聞き出しましょう。まずは，ここから始めてください。

Bさんは体操部に入っているということですので，体操をしている時はどんな楽しいことがあるのか，体操に関しての将来の夢などを聞いてあげるのもよいでしょう。

決してやってはいけないことは，学校に来ないことを「本人に問題がある」あるいは「本人自身が問題だ」とすることです。「本人」と「問題」は，分けて対応することが大切です。

　「学校に行きたくないなぁ」なのか「行けない」のか，そのあたりから聞いてみるとよいと思います。「最近学校来てない日があるよね，少しお話聞かせてもらえるかな」というように，まずは事実だけを伝えることです。

　本人に学校に行きたくないと感じさせる「考え」や「理由」は何なのか，どんな時に学校に出てくるのかをしっかり聞いてあげるとよいのではないでしょうか。

3　非行少年に

Q　中3男子のC君。これまで，まじめな生活ぶりでしたが，中3の夏休み明けから生活態度が急に変わりました。夏休み中に夜遊びをし始めたようで，学校には来るものの，授業中は寝ているなどして，授業には集中できていません。学校外の遊びに関心が向いているようです。もうすぐ受験なので，個人的に呼んで話をしたいのですが，コーチングが使えないでしょうか？

A　「非行少年に」とありますが，C君は，いわゆる法にふれるような「非行」に走っているのでしょうか？　どうもそうではなさそうですね。非行傾向にあるといったところでしょうか。

　C君を個人的に呼んで話をするのであれば，特に指導者側が「問題モード」ではなく「解決モード」になって面談する必要があると思います。

　「コーチング」をするのであれば，この子がどういう子なのかという「思い込み」や「決めつけ」をはずして対応することが不可欠です。そうでなければ「コーチング」とはいえません。

　また，面談の前に，相談者側の面談の目標を決めておくことをお勧めします。「この面談が終わった時に，指導者側にどんな明確なものが得られれば

よいのか」という1回目の面談のゴールを明確にしてから会うことをお勧めします。

たとえば，面談第1回目で「夜遊びについて，町でどのように過ごしているのか生徒から詳しく聴くことができる」というようなゴールです。

このゴールを達成するには生徒との信頼関係が必要です。ですから，まずは自分自身が「解決モード」になって「聴く」ことです。その子なりに頑張っていることがあればしっかり認めてあげることです。

4　やる気の見られない子どもに

Q　なかなかやる気の見られない中1女子のDさん。成績は中の中，日々自宅でゲームをする程度で，学校でもこれといって頑張るものがなく，ぱっとしません。母親は友達との関わりが少ないことも心配しています。学校では，友達と関われないわけではありませんが，確かに周りとの関わりは極端に少ないように思います。差し迫っている問題は特にないのですが，コーチングを使って少し彼女の成長を促したいのですが，どうでしょうか？

A　コーチとしてこの質問については，「突っ込みどころ満載！」という感想です。
　①「やる気がみられる」状態とは具体的にどういうことか？
　②「ぱっとしている生徒」とはどういう生徒なのか？
　③「友達との関わりが少ない」ことが心配なのはなぜ？
　④「生徒の成長を促したい」とありますが，本人はどう成長したいと思っているのか？

すべてがあまりにも漠然としていて，そこに先生が「ステレオタイプ的な価値観」を求めているように思われます。この状態を本人が「問題」と感じていて，どうにかしたいと思っているのであればコーチングできるでしょう。

しかし，上からお仕着せのコーチングは決して機能しません。まずは，指

導者側がなぜこの少女の状態を「問題」と捉えているのか明確にして，そこから始めることをお勧めします。

　私の息子は，小さいころから大勢の友達と群れて遊ぶことができませんでした。好きなおもちゃがあると，ひたすらそれで遊んでいました。

　最初は一緒に遊んでいたお友達も，気がつくと途中で飽きてほかの遊びを始めます。息子は周りにお友達がいなくなっても一人で遊んでいるという状況でした。

　「この子の性格なんだから」と思うようにしていましたが，親の勝手な価値観で「友達が少ない」ことを問題であると捉えていたのだと思います。

　その息子が小学校6年生になる時に，夫の転勤で鹿児島に行くことになり，引っ越し直前にその時の担任の先生にご相談をしました。筆者にとっては慣れない土地へ行くことに対して少し不安があったのだと思います。

　その時の先生のお話で気持ちがすっきり晴れたのです。先生はこうおっしゃいました。

　「お母さん，原田君は，少し大人びたお子さんだと思いますよ。確かに仲のいいお友達は少ないみたいです。でも，きちんと自分を持っているので，将来大きくなったら，きっとお母さんのよい話し相手になってくれるタイプですよ。心配しないでください」

　この言葉を聞いて，わが子を「ステレオタイプ」に見ていた自分に気づきました。「この子はこの子だからこそいいんだ」。そう思ったのが，筆者にとって「コーチング」の始まりだったような気がします。親が勝手に心配して，ルールを敷こうとしないこと。まずは本人と本音で話し合うことだと思います。

COACHING

第14章

教室でのコーチング

Noriko Katayama

1 コーチングによる言語化

　コーチングでは，子ども自身が持っている力をコーチングの支援によって引き出すのがポイントです。その代表的で典型的な支援の一つが先述したように「質問」を提供することです。それもソリューション・フォーカスで重視される「肯定質問」です。「なぜできなかったのか？」といった「否定質問」や「詰問」ではありません。

　子どもが自ら考え，課題を解決していくための適切な質問をコーチは提供していきます。「君はどうしたらいいと思う？」「ほかには？」といった質問を繰り返しながら，子ども自身が曖昧な思いを少しずつ口に出して，どうしたらよいのか，どうすべきなのかを明確にしていくのです。

　先生によって指示されるわけではなく，あくまでも自分の思いを言葉に出し，言語化しながら，自分自身でゴールを目指すことをねらいます。つまり，コーチングは，そのプロセスで，「言語化」という行為を子どもに求め，子ども自身の思考を自分で言葉にすることを促しているのです。

　この「言語化」という行為が，健全な子どもも含め，人生に躓いている少年には不可欠です。質問されることで子どもは思考を深め，「言語化」し，過去とは少し違う新たな自分を目指すようになると考えます。

　田嶋氏は『言語技術が日本のサッカーを変える』という著書の中で，日本のサッカーが世界でなかなか勝てないことについてふれ，言語技術を駆使し

て，すなわち言葉を用いて表現することの重要性を説いています。つまり，「言語化」という行為の重要性に言及しているわけです。

　子どもは他者から問われることによって，曖昧な思いを言語化しながら自分の考えを明確にしようとします。先生から，「君はきっとこう言いたいんですね」と，まとめられてしまうのではなく，自分自身で自分の思いを言葉にしようとし，自分自身の体を使って表現しようとすることが大事です。

　コーチングでは子どもに「肯定質問」をする中で，本人に思考の言語化を促すのです。この言語化が子どもを次の段階につなげるのではないでしょうか。

2　学級経営に生かすコーチング

　学級経営とは，学校経営や学年経営の基本的な経営方針を受けて，学級担任がクラスの実態を正しく把握し，子どもとの人間関係を深めながら，健全な集団を育てていく日常的な営みのことです。

　一人ひとりが安心感と存在感を持って学習や生活ができることが，学級経営の基本です。子どもは，学校生活の大部分を学級の中で過ごします。そこでの指導を確かなものにするためには，よい集団を作らなくてはなりません。

　よい学級集団とは，敢えて言えばいじめなどがなく，一人ひとりがのびのびし，意欲的でいるのに加え，まとまっている状態の学級です。自然な笑い声が教室に響いたり，しんみりと自己開示しながら話す児童生徒の話に皆が聞き入り，教室全体で涙したりもします。

　さらに成熟した学級では，たとえ先生がいなくても自分たちで規律を維持しながら，互いに助け合い，学び合う姿が見られます。すなわち，子どもによる自治（self governance）が確認できるのです。子どもが生き生きと活動し，子どもの中から何かに挑戦してみようというような新しい企画が自発的に出てくるのです。

　ただし，そうした学級は決して自ずと形成されるものではありません。水面下で担任が意図的に，しかも子どもに気づかれないように，骨格のしっか

りした学級経営を行っているはずです。

　学級経営にはいくつもの方面から取り組まなくてはなりませんが，そこにコーチングの理論や技術を使うことができます。下記にコーチングを学級に応用し，集団をコーチングしていく例を示してみました。学級会の中で，子どもたちによい学級について考えてもらうことをテーマにしながら，コーチングを図ろうとするものです。

学級をコーチングする例

1）自分たちの学級の理想的な姿とはどんな状態かを問う。
2）子どもたちに考えさせ，子どもたちから複数の意見を出させる。
3）では，今自分たちの学級は10段階の指標で言うといくつか問う。

　　　1　　2　　3　　4　　5　　6　　7　　8　　9　　10
4）3と答える。
5）では何ができているから3なのか問う（できていることに焦点化して聞く）。
6）子どもたちから複数の意見を出させる。
7）では，3から1つ上げて4にするには具体的にどのようなことをしたらよいか，考えさせる。
8）子どもたちから複数の意見を出させる。
9）では，どれから取り組んだらよいか問う。
10）子どもたちから意見を出させる。
11）では，4になるよう，○○からやってみよう。

3　教室でコーチングを行う際に用いるテクニック

（1）先生（コーチ）の立ち位置

　コーチングでは，コーチ役となる先生は自分をできるだけ「消す」ことが，立ち位置として大事です。先生はもちろんコーチングを進行していれば，生徒の目の前にいるわけで，物理的には十分そこに存在しているのですが，それでもその存在をできるだけ「消す」ということが大事だと考えています。

第14章　教室でのコーチング

先生が前面に出すぎると，その影響が強く出てしまい，子どもが考え，子ども自身で答えを見出していくことを邪魔してしまうのではないでしょうか？先生は自分を消すように努め，傾聴する姿勢でいることがコーチングを成功させる秘訣だと思います。

（2）先生（コーチ）のジェスチュア（顔の表情・手）

　コーチングを行う先生のジェスチュアは，場の雰囲気をつくるうえでとても大事です。

【顔】
・やわらかな笑みをたたえていますか？
・視線が子どもたちを覗き込むようにしていますか？

【声】
・導入の軽い質問では，落ち着いた明るい声を使いましょう。
・じっくりと考えさせたい質問では，先生の声はできるだけ小さくしてみてください。じっくり考えてもらいたい時に，甲高い声や大きな声は思考を妨げます。むしろささやくような声が有効でしょう。

【手】
・両手は前面でかるく開いていますか？　相手を拒否するサインとなる腕組

などもってのほかです。

（3）先生（コーチ）のうなずき

　うなずきにはいくつか種類があります。一つは，言葉にして「なるほど」「そうだね」と言うことです。ただし，有効なうなずきは，はっきりわかるように「なるほど」「そうだね」と言ってうなずくのではなく，先生がつぶやくように小さな声で言う「へー」「ほー」です。これらは子どもの思考を妨げることなく，共感を示すのに有効です。

　二つ目に，声は出さずとも顔全体を縦に動かすうなずきです。これもコーチングの進行を妨げません。

　三つ目に，先生がやわらかに笑う声です。それだけで十分にうなずきになり，安心感になります。

　このように進行を妨げずにうなずきを表すことで，発言する者に共感を示し，そこにいる者に安心感を醸し出すことができます。

（4）先生（コーチ）が子どもたちに問い返す

　学級全体でコーチングを行っている際，子どもから先生に質問が出されることがあります。たとえば「○○について考えればよいのですか？　それとも○○についても考えてよいのですか？）といった，手順についての質問も出るかもしれません。

　さて，どうしましょう？　その時は，先生の方から，

　「他のみなさんはどちらのほうがよいと思いますか？」

と全体に返し，子どもに考えさせながら進めることができるとよいですね。第6章3でもふれたように「質問には質問で返す」です。

　問い返されれば，子どもは自分たちにとって，きっとよりよい方法を選択するはずです。

　また，子どもの意見が言葉足らずで不十分な場合は，「どうしてそう考えたの？　みんなにわかるように教えてくれるかな？」と問い返したらよいで

すね。
　子どもに問い返すことで，子どもはより一層言語化するようにもなりますし，自分のこととして考えるようになります。

●引用・参考文献●
・原田かおる「SFコーチングスキル」『教育委員会と九州大学との連携による教育課題に対応した管理職養成マネジメントプログラムの開発報告書』九州大学大学院人間環境学研究院，2015年，pp.59-67
・片山紀子編著・森口光輔著『誰のため何のため？ できてるつもりのアクティブラーニング』学事出版，2016年
・片山紀子編著，富永直也著『学校がみえる教職論』大学教育出版,2012年
・田嶋幸三著『「言語技術」が日本のサッカーを変える』光文社，2007年
・三森ゆりか著『論理的に考える力を引き出す』一声社，2002年

COACHING

第15章
保護者に用いるコーチングQ&A

Noriko Katayama/ Kaoru Harada

　保護者が，わざわざ先生にコーチングを求めてやって来ることはありません。保護者側が，何も相談もしていないのに，偉そうにコーチングのテクニックを持ち出すなどすれば，トラブルになりかねませんし，先生にそのような役割が求められているわけでもありません。

　しかしながら，保護者に接するなかで，コーチングを援用した対応をしたほうがよい場合もありますので，少し紹介してみましょう。

　下記のQ&Aは，個別相談と全体保護者会に関する現場の先生方からの相談に筆者らが答える形式をとっています。

1　個別相談その1

Q　保護者から高2の女子生徒が夜遊びをして回って，注意をしても聞かないとの相談を受けました。短い個別相談の時間しか取れませんが，コーチングの考えや技術を用いて母親と話をしたいのですが……。

A　子どもが想定外の行動をする時，多くの親はその子の説明を聞く前に，感情的に自分の考えや意見を押し付けてしまいがちです。

　そうすると，子どもはますます反発してまともに親と話そうとはしなくなります。夜遊びをしない子どもの家庭でさえ，小学校高学年あたりから「子どもがろくに話をしてくれない」とぼやく親が増えます。

　しかし，ここで親の対応に問題があるというのは得策ではありません。「誰

かに問題がある」というやり方は解決志向ではありませんし，それをするとかえって問題をこじらせ，解決が長引くからです。

当事者が欲しいのは，今の状態がよりよく「解決」することです。「夜遊びをしている」と言っても，毎日出かけるのかどうか，そこを確認することから始めるといいですね。

もし，夜遊びが毎日ではないのなら，夜遊びをしない日は家で何をしているのか，どんなふうに過ごしているのか，親とどういうコミュニケーションをとっているのかなど，聴いてみましょう。詳しく丁寧に聴くとよいですね。

親だからこそ感じ取れることがあるはずです。どんな小さなことでもよいのです。そこに，解決の芽があるはずです。そして，子どもが夜遊びをしない日に，「こんなコミュニケーションがとれたらいいな」と思っている「望ましい行動」が見つかったら，それを増やすようにすればよいのです。

そのあたりから先生が聞いてみてはいかがでしょうか。そしてもう一つ，親が夜遊びを心配する理由を感情的にならずに冷静に事実を伝えられるようになるとよいですね。それについては，先生から提案という形でもよいのではないでしょうか。

2　個別相談その2

Q　自分の子どもを信じて，子ども自身が望む人生を歩けるようサポートするのがよいと考えていると保護者が言うのをよく聞きます。しかしながら，実際には多くの保護者が自分の価値観を押しつけたり，保護者の好む職業に就かせようとしたりすることが多く，生徒と進路についてもめるケースも少なくありません。

進路に関する個別の保護者会で，コーチングを意識して行いたいのですけど……。

A　子どもが予想もしない方向に進み始めたら，親は心配のあまり，つい命

令口調で子どもの進もうとする方向を修正しようとします。

　これ自体は普通によくあることですが、子どもにとって親の理想通りに生きるかどうかは本人の選択であり、どれがよいとか悪いということではないはずです。

　どう生きるかは本人が選択すべきことです。もし母親が子どもの考えや説明を聞く前に、子どもの行為を咎めるような口調で一方的に話すのであれば、かえって子どもは反発するでしょう。

　自分に置き換えて考えてみるとわかると思いますが、こちらの説明も聞かずに一方的に決めつけて話をされると、どんな気持ちがするでしょうか？

　だからと言って、子どもの問題の原因が母親にあるとするのは、得策ではありません。当事者たちにとってほしいのは「解決」です。

　解決志向では「だれに原因があるのか」ということに焦点を当てません。あくまで、親と子どもの関係性がよくなるためのコミュニケーションをどうよりよくしていくかにフォーカスします。その方が問題をこじらせずに、早く解決方法が見つかることがあります。

　この場合、先生が母親にアプローチするとしたら、

①子どもがどうなっていればよいと思うかを母親に尋ねる。
　　否定形で答えたら、「○○でない代わりにどうなっていればよいですか？」という聞き方をする。
②もし子どもがそうなったら、母親はどういう生活をしてるか尋ねる（あくまで、未来の望ましい姿を描いてもらう）。
　　ここでも、母親が否定形で答えを出したら、「○○していない代わりに何をしているでしょうね？」と聞いてあげる。母親が気持ちよく話せるように、聴く側も丁寧に聞く。
③母親の視点が子どもだけに集中するのではなく、母親自身が楽しく充実した生活を送っているのを見ると、子どもはどう反応するだろうかを尋ねる。

　以上のようなことから始めてみてはいかがでしょうか？

自分の若い頃を振り返ってみるとよいですね。自分と自分の親との体験から，自分と子どもとの関わり方を見直すよいきっかけになると思います。そしてもし「子どもを信じてみよう」という結論に達したのであれば，何があっても信じることです。

「子育てコーチング講座」でよく見かける親の行動にこういうのがあります。毎回同じ注意をしている子どもに「もうお母さんは，明日から絶対に同じ注意をしないからね」と言いながら，翌日はまた子どもに同じ注意をしているお母さんの姿です。

親自身が子どもに対して「すること」「しないこと」のルールをきちんと守れる親になると，放っておいても子どもは自分の道を自分で選べるようになります。

COACHING

第16章

スクールリーダーのコーチング

Osamu Yaosaka

　コーチングとは，自発的行動能力を引き出し，促進するためのコミュニケーション・スキルです。コーチングは，ビジネス環境における人材育成，組織・チームづくりにもプラスの効果を与えるでしょう。

　学校の場に目を向けてコーチングを捉えれば先生や子どもに気づきを与え，やる気を引き出し，高めるコミュニケーション手法でもあります。保護者にとっても学校に対する信頼度を高める契機にもなるのではないでしょうか。

　本章では，第1に，コーチングに関わって先生に期待される資質能力は何かを考えてみます。

　第2に，リーダーシップに内在するコーチングのあり方をリーダーシップ・パターン例を挙げながら探りたいと思います。お神輿(みこし)経営的リーダーシップ，つまり一定の概略的方向性は示しても，細部は部下である教職員に任せ，あとはよきに計らう放任的，以心伝心的タイプでは信頼関係において危ういでしょう。日本の「村社会」における「思いやりや察し」といった家族的人間関係を大事にしつつも，常に前向きに学校改善の意欲を持ち，教職員とのあたたかな風通しを保てるコーチング・スキルを包含していることがリーダーシップの理想的な姿なのです。

　第3に，角度を変えてサーバント・リーダーシップの本質を捉えるとともに，学校リスク事例をもとにしたコーチング・スキルを把握します。

　最後に，コーチングによる学校・保護者対応を具体的ケース（校長と教諭との関わり）を通して考えてみたいと思います。

第16章　スクールリーダーのコーチング

1　先生に期待されるコーチング資質能力

　中央教育審議会ではこれまで先生に求められる資質能力として，「グローバルな視野に立って行動するための資質能力」「変化の時代を生きる社会人に求められる資質能力」「先生の職務から必然的に求められる資質能力」の３つの視座をとらえつつ，社会の急速な発展の中で，「学び続ける教員像」の確立を求めています。

　コーチングの側面からは，期待される資質能力として，本来の先生の職務から必然的に求められる，子どもの個性や課題解決能力を生かす能力，子どもを思いやり感情移入できる力，カウンセリング・マインド，困難な事態をうまく処理できる能力，地域・家庭との円滑な関係を構築できる能力等を意味するでしょう。管理職としても，使命感と責任感の基本姿勢のもと，人（児童生徒・教職員）に対する関心と愛情をもつ役割，人材育成の役割が期待されます。

　この点，例えば先生に対して，「生徒指導・生徒理解・掌握」の視点からは，次の自己省察がコーチングの基盤となるでしょう。
　①児童生徒の日々の心身の状況を把握できているだろうか。
　②児童生徒に対する愛情が感じられるだろうか。
　③児童生徒を公平に扱っているだろうか。
　④児童生徒に対する言葉づかい（言動）は適切であろうか。
　⑤　受容的カウンセリング・マインドを備えているだろうか。
　⑥問題のある児童生徒に対して，その解決のため適切な指導をしているだろうか。

　同様に，「ポジティブな学級づくり」の視点からは以下の自己省察がコーチングのマネジメント・スキルとしても期待されます。
　①学校教育目標や学校経営方針などに基づき学級経営案，学校経営案，学

年経営案を立て，その実現を図るとともに，適宜，評価を行い，改善に努めているだろうか（PLAN, DO, CHECK, ACTION；計画，実施，評価，改善行動のマネジメントサイクル）。
②学級集団の課題把握や目標の明確化，学級集団として行う活動の組織化など学級集団を高める指導に努めているだろうか。
③教室環境，学習環境の整備に努め，教室空間の計画的・効果的利用に努めているだろうか。
④当番活動，係・委員会などの主体的な集団活動の指導が適切であるだろうか。
⑤児童生徒一人ひとりの個性や特徴を把握し，個に応じた支援に努めているだろうか。

上記の省察は，不登校やいじめ問題，非行問題といったリスク対応へのコーチングにも関連してきます。

2 コーチングとしてのリーダーシップ

今日では，指図をし，監督をし，報告を受け，評価を行うだけの管理・監督型のリーダーシップは不要です。

求められるのはナレッジ・マネジメントとしての知識・情報の共有促進，活気に満ちた対話と支援，個々の組織を超えた戦略的思考であり，そこにはコーチング・スキルが内在しています。つまり，リーダーシップ（指導性）を発揮する上で，コーチング・スキルは密接不離な関係にあるのです。

これまでリーダーシップのタイプ・類型等は，これを研究する人の数だけ存在し，多様にあると考えられますが，典型的理論を以下に取り上げてみます。

(1) リーダーの行動（スタイル）理論

人間中心的リーダーか仕事中心的リーダーかのバランスによるリーダーシップ・スタイルです。ブレイク（Blake, R. R.）とムートン（Mouton, J. S.）の研究によるマネジリアル・グリッド（Managerial Grid）に依拠したリーダーシップ・スタイルが典型的であり，実践的で知名度の高い研修プログラムとして活用されています。

縦軸に「人間に対する関心」，横軸に「業績に対する関心」を9×9＝81の座標軸をとって，グリッド（格子）を作り，リーダーシップ行動（スタイル）を類型化しています。実践的には，81の格子では複雑すぎることから，座標の四隅と中央の計五つの基本的な格子を代表的スタイルとして取り上げています。9・9型であるチーム型が理想です。

（2）ハーシー（Hersey, P.）とブランチャード（Blanchard, K. H.）の研究による状況（situation）理論

リーダーシップを部下の成熟度（マチュリティ），すなわち達成可能な，しかし，できるだけ高い目標を設定しようとする本人の基本的な姿勢（成就意欲），責任負担の意志と能力，ならびに対象となる相手または集団が持つ，教育なり経験なりの程度との関連でとらえます。

以下の4つのタイプがあります。

①教示的リーダーシップ（高指示・低協労的リーダー行動）

　部下のマチュリティが低い場合で，部下の役割を明確にし、いつ，どこで，何を，どのように，といった方法で，ワーキングの手順を一方的に教えるという特徴を持ちます。

②説得的リーダーシップ（高指示・高協労的リーダー行動）

　部下のマチュリティが普通に近い場合で，情報交換，支援を通して心理的抵抗なしに，部下がリーダーの指示を受け入れるよう留意するという特徴を持ちます。

③参加的リーダーシップ（高協労・低指示的リーダー行動）

　部下のマチュリティが普通を超えている場合で，部下に職務遂行に必

要な知識と技術が備わっていることから，相互の情報交換，リーダーによる促進奨励的行動を通して，双方による意思決定への参加が期待されるという特徴を持ちます。
④委任的リーダーシップ（低協労・低指示的リーダー行動）
　部下の課題関連マチュリティや心理的マチュリティが高い場合で，部下に責任権限を大きく委譲し，自由裁量を高めるリーダーシップです。

部下の成熟度が高くなるにつれ，理想的リーダーシップとして教示的リーダーシップから説得的リーダーシップ，参加的リーダーシップ，委任的リーダーシップというルートになることを明らかにしています。

(3) リーダーシップ・イメージ理論

ボルマン（Bolman, Lee G.），ディール（Deal, Terrence E.）が1990年代初期に開発したもので，学校指導者や企業経営者等対象のリーダーシップ次元として，次のⅠ～Ⅳの4つの次元（各次元8項目，計32項目）から構成されます。（図表7－1参照）
　Ⅰ　「目標達成」（下位2次元，分析的，組織的）
　Ⅱ　「人間性重視」（下位2次元，支援的，参加的）
　Ⅲ　「対処的活動」（下位2次元，強力的，機敏的）
　Ⅳ　「自己象徴」（下位2次元，鼓舞的，カリスマ的）

Ⅳの自己象徴（シンボリック）次元の項目例にみるように，組織に対して新たな試みを実行し，革新的方策をつくり出し，個性を発揮し，教職員を引きつける存在であるリーダーシップ，すなわち従来の組織文化を望ましい方向に影響力を与えることを意味します。文化的（変革的）リーダーシップの概念として重視されています。

筆者（八尾坂）は，これまでのリーダーシップ行動のアプローチにおける集団の目標達成（performance）機能と集団の維持（maintenance）機能

の2次元からなる三隅二不二教授によって提唱されたPM理論における2次元の固定的枠組み（構造づくりのタスク志向と配慮の人間志向）から先述の4つの次元（Ⅰ～Ⅳ）構成の質問項目を作成し，学校指導者（校長）の行動の視角から意味ある形で把握しようと試みました。

　調査結果から摘録すると，上記4つの次元すべてが校長のリーダーシップ行動として必要かつ不可欠で，重要な次元でありますが，より重視されるべき次元は，校長自身，教員側の意識双方からみて，「人間性重視」の次元であったことです。（ボルマンらが行ったアメリカ，シンガポール調査でも同様でありました）。

　つまり，第一義的に求められるのは人間性重視の次元であり，この次元の高低によって，特に目標達成次元，自己象徴次元，対処的活動次元といった指導者層のリーダーシップ行動，および学校革新風土に対して教職員が感じる意味合いも，異なっているのではないかと考えるわけです。

　また，質問紙調査ではとらえられない「指導者としての言葉づかい」「ユーモアのあるセンス」「言い回しのタッチ」等といった微妙で，シンボリックな影響力といったコーチング・スキルで看過し得ない側面も管理職のリーダーシップとして肝要です。

　この点，教職員側が校長に望むリーダーシップも人間性重視の次元に焦点化され，「教職員への関心事への支援的働きかけ」「学校評価・改善に向けての献身」「配慮」「信頼蓄積」「公平性」「意思決定における参画」「模範」が，主たるキーワードとして望まれていたのです。

　このことは，部下である教職員を感じさせ，動かすシンボリックでしかも人間味のある変格的リーダーシップが，今後の指導性の基盤と考えられます。

　このことはコーチングとして価値を強化する言葉を使い，その学校の最良のイメージを維持する詩人のようでもあります。

　スクールリーダーは言葉で伝達するというストレートで巧みな方法があるわけであり，心から発せられた言葉とイメージは，自己潜在能力を高め，強いインパクトを与えることは確かでしょう。

表1　校長（学校指導者）のリーダーシップ・イメージチェックリスト

I 目標達成	①学校運営に明確かつ論理的見解を示す。	4	3	2	1
	②職務運営上の時間厳守を重視する。	4	3	2	1
	③学校運営について計画的に対処する。	4	3	2	1
	④教職員の職務について的確な解決方法を熟知している。	4	3	2	1
	⑤現状をふまえ，学校運営上の諸問題に取り組む。	4	3	2	1
	⑥教職員の役割分担と責任を自覚するように促す。	4	3	2	1
	⑦学校運営の細部にわたり注意を払う。	4	3	2	1
	⑧学校の組織運営上，リーダーシップを認識している。	4	3	2	1
II 人間性重視	⑨教職員へできる限りの援助や配慮をする。	4	3	2	1
	⑩教職員間の信頼と協力関係を築く努力をする。	4	3	2	1
	⑪地域社会や保護者との人間関係や要望に配慮する。	4	3	2	1
	⑫学校全体の意思決定で教職員の積極的参加を促す。	4	3	2	1
	⑬個人的な悩みに耳を傾け，支援的に対応する。	4	3	2	1
	⑭教職員のアイデアや意見を聞き受容的態度を取る。	4	3	2	1
	⑮優れた教職員を積極的に認め，生かすようにする。	4	3	2	1
	⑯献身的態度や教育への熱意を教職員に培う。	4	3	2	1
III 対処的活動	⑰学校運営面で人的・物的資源を十分活用している。	4	3	2	1
	⑱人事や予算面で教育委員会等との折衝がうまい。	4	3	2	1
	⑲教職員に対し，説得力と影響力に富む。	4	3	2	1
	⑳組織運営上の諸問題を予想し，対処・処理する。	4	3	2	1
	㉑PTAや後援会等の外部団体との支援を得ている。	4	3	2	1
	㉒学校運営面の調整能力を発揮している。	4	3	2	1
	㉓教職員間の協力体制を円滑に推進する。	4	3	2	1
	㉔教職員との対立や感情のもつれをうまく対処する。	4	3	2	1
IV 自己象徴	㉕教職員の個々の力量が十分発揮できる。	4	3	2	1
	㉖個性を発揮し，教職員を引きつける存在である。	4	3	2	1
	㉗教職員に対し，意欲的な仕事を与えている。	4	3	2	1
	㉘古い伝統や考えにとらわれず，創造的に行動する。	4	3	2	1
	㉙会議等で自分の考えを明確に示す。	4	3	2	1
	㉚新たな試みを実行し，革新的方策をつくりだす。	4	3	2	1
	㉛地域社会のさまざまな会合等へ積極的に参加している。	4	3	2	1
	㉜学校の教育目標や方針に影響力を与えている。	4	3	2	1

3　サーバント・リーダーシップの考えと学校リスク対応

（1）サーバント・リーダーシップの哲学

　サーバント・リーダーシップは，アメリカのグリーンリーフ（Greenleaf, R.K.）によって1970年に発表されました。サーバント・リーダーシップは，「組織としてのビジョンを達成することを目的として，フォロワーのために

奉仕，貢献すること」がその特徴です。サーバント・リーダーシップと権威的リーダーシップを対比すると，以下のようになります。

表2　サーバント・リーダーシップとの対比

観点	サーバント・リーダーシップ		権威的リーダーシップ
モチベーション	組織上の地位にかかわらず，他者に奉仕したい	⇔	大きな権力を有するポジションに就きたい
信念	みんなで協力し目標を達成する環境で，ウィン・ウィン（WIN・WIN）になることを重視	⇔	競争を勝ち抜き，他者に対して自分が賞賛されることを重視
影響力の根拠	信頼関係を築き，職員の自主性を尊重することで，組織を高める	⇔	自己の権力を使い，職員を畏怖させて目標を達成しようとする
コミュニケーション・スタイル	「傾聴」が中心	⇔	「説明・命令」が中心
職務遂行能力	コーチング，メンタリングを通して職員と共に学び向上する	⇔	自己の能力に対する自信をベースに職員に指示する
責任についての考え	責任を明確にすることで失敗からも学ぶ環境をつくる	⇔	責任を失敗した時にその人を罰することに位置づける

　このようなサーバント・リーダーシップ哲学のもと，グリーンリーフの見解に依拠しつつ，サーバント・リーダーとして10の特性をまとめたスピアーズ（Spears, L. C.）の考えを参照すると，次の特性（持ち味）が考えられます。学校組織マネジメントのみならず，広義の内在的コーチングといえ，日常の生活にも活用できるでしょう。

　①「傾聴」(listening)：相手の思いを意図的に聞き出すこと。同時に自己の心にも耳を傾け，自己存在意義を考えることができる。
　②「共感」(empathy)：相手の立場に立ち，気持ちを推し測ること。

③「癒し」(healing)：相手が安心できること。スクールリーダーとしては，学校文化の変容に伴って発生するあらゆる傷を癒したり，学校をその伝統と文化の変容に順応させたりするなど，治療者（healer）としての役割を果たすことができる。

④「気づき」(awareness)：自己と組織を十分に理解すること。倫理観や価値観とも関連する。

⑤「説得」(persuasion)：権限や服従に依拠せず，説得できること。自己にとっても言行一致である。

⑥「概念化」(conceptualization)：職務上の目標を超えた自己啓発能力を育てようとすること。リーダーとして未来図を示すことができる。

⑦「先見性」(foresight)：概念化と関わるが，過去の教訓，現在を注意深く精査することによって，学校がこれからどのようになるか明確に捉えること。教職員やコミュニティと協働しつつ，共存化されたビジョンを開発することができる。

⑧「信頼できると思われる人」(stewardness)：重要な業務を任せられる執事のような人であること。

⑨「人々の成長への関与」(commitment to the growth of people)：人々への貢献，内在的価値の信頼，一人ひとりの成長にコミットできること。

⑩「コミュニティの創造」(building community)：組織の中で同僚性，革新性，自律性を創り出すこと。

4　コーチングによる学校・保護者リスク対応

（1）学校事故のクレーム

保護者へのリスク対応を考えてみます。保護者の不信感，時には思いこみや無理解による担任（学校）へのクレームは，以下のごとく多岐に及びます。

第16章　スクールリーダーのコーチング

> 子どもの学習全般（授業内容・方法，評価の仕方，通知表，宿題の出し方，学級通信の在り方等），先生の指導力不足，信用失墜行為などの不祥事，いじめ，不登校，体罰，校則，子どもの学力低下，さらには学校騒音，学校安全問題（不審者対応など），学校事故問題，指導要録，内申書，会議録の開示，学校情報公開など。

　例えば，学校事故問題では，事故後の適切な対応が学校側から保護者に示されていなかったため，保護者の不満が増幅することがあります。学校事故や広く危機管理の問題において，担任の対応は事態解決の一部に過ぎず，むしろ学校全体の緊急課題として取り組むマネジメントが不可欠です。

　それゆえ，事前の防止策のみならず，事後の迅速で適切な処置の在り方（情報入手と事実関係把握，事態収拾，校内協力体制，外部協力要請），法的責任等に関する事例学習を年間研修計画のなかで位置づけることも肝要です。

　このようなクレームに対するコーチングの観点を示してみましょう。まず，「保護者に対して誠意を示すこと」が先決です。誠意の内容として，まずは「丁寧に耳を傾け（傾聴），具体的な状況を聞き出すこと」が大事です。些細なボタンの掛け違いでクレームが生じることもありますし，対応のまずさで不信感や苦情が増幅することもあるからです。

　しかも「改善のための約束をしつつ，情況によっては事実関係の把握への理解を求めること」も重要です。当事者のみならず，第三者が事態をどうとらえているかは，いじめ問題に見るように，クラス内の第三者である傍観者を無視できないことからもわかると思います。

　事実関係の結果が明白になり，担任の問題に帰すべき事由があった場合，管理職としては「冷静に担任の保護者への誠実な対処を指導・助言することになりますが，担任任せにすることなく，学年内部，学年間，学校全体としての協力体制についても認識すること」が求められます。

　むしろ"クレームが出ることは学校への期待も高い"というプラス思考で，学年・学校内部で，保護者の期待，クレームはいかなる点に析出されるのかを把握するマネジメントが必要です。

日頃から，「保護者や地域と学校（学級）の風通しのよさを念頭に置き，気軽に建設的な意見あるいは疑問点等を受容し，発信（フィードバック）する雰囲気づくりを醸成するリーダーシップ」が管理職に求められます。

　また，「学校・学年懇談会のみならず，学校に生起しがちなさまざまな問題に対して，家庭や地域社会と一体となって子ども支援を行う懇談・学習の場を設定し，教育問題の複合的要因への理解と協力を求めながら認識の差異を少なくし，信頼関係を高める工夫」も無視できないでしょう（具体例として後述参照）。

■リスク対応のポイント
- 保護者に対して誠意を示すこと。
- 丁寧に耳を傾け（傾聴），具体的状況を聞き出すこと。
- 改善のための約束をしつつ，情況によっては事実関係の把握への理解を求めること。
- 担任任せにすることなく，学年内部，学年間，学校全体としての協力体制についても認識すること。
- 気軽に建設的な意見あるいは疑問点等を受容し，発信（フィードバック）する雰囲気づくりを醸成すること。
- 家庭や地域社会と一体となって子ども支援を行う懇談・学習の場を設定し，信頼関係を高める工夫すること。

（2）担任の教育指導に対する不満

　保護者からの要望については，留意すべき対応マネジメントを押さえておく必要があります。

　学校へのクレームが，多方面（学校や教育委員会），多頻度になされる場合であっても，安易に「理不尽な要求」と位置づけるべきではなく，保護者の真の要望を把握する必要があります。

以下のケースでは，担任との話し合いを行った後も担任による厳しい指導が

みられ，児童が不登校になりました。義務教育期間における長期・多頻度の欠席は，当該児童の成長への影響も計り知れません。まずは学校として解決すべき，解決できる課題に傾注する必要があります。

　学校と保護者が情報の共有，連携を通して課題を共有化し，共に育む（共育）関係づくりに努めることが望まれます。

　保護者が学校側に何らかの要望を申し出ることは，実は勇気が要ることです。学校としては傾聴，受容し，説明し，理解を得ることが求められます。

　家庭での児童の姿を知っているのは保護者であり，指摘事項について改めるべき点があれば，早急な対応も必要です（学校体制の再検証［CHECK-ACTION］）。

（3）校長による教員へのコーチングの事例
①保護者とうまくいかないA先生へのコーチング

　A先生は30代後半の女性で，5年生の学級担任をしています。保護者は先生の授業は児童がざわざわし，授業がわかりにくいと考えています。

　A先生は，クラスの子どもに威圧的な言葉で叱ったりするので，以前から子どもが委縮することもあるとクレーム（苦情）がありました。しかし，A先生は「私なりに子どもに適切に指導しています」といった発言をするだけで，一向に改善している様子が見られません。そんななか，保護者から校長に再度クレームの電話が入りました。

　そこで校長は，A先生と「面接コーチング」をすることにしました。面接の前にA先生の様子を学年主任から聞いてA先生のがんばっているところ（得手）を認め，褒めるように心がけています（自己コントロール）。クライアントが自己の行った事実について他者から認めてもらうことにより，自信，自己肯定感，モラールへと展開するからです。

校長「先日，保護者と言い合ったんだってね。大変でしたね。保護者にどのような話をしたんですか？」

校長先生の話が，A先生への非難や批判と受け止められると，相談を受けたがらなくなります。まずはねぎらいの言葉が必要です。

A先生「「私なりに授業へのわかる喜びを高めるため，日々教材研究をし，指導方法の工夫もしています。数人の子どものざわめきのため，ご迷惑をおかけしたかもしれません」と保護者に少し感情的に申し上げました」
校長「A先生は熱心にがんばっていますね」

　A先生の熱意を認め，褒めると，A先生の身構えが軟化してきました。状況を傾聴しつつ，保護者とのトラブルの様子を整理（アレンジメント）していきました。A先生は自らの行動を省察し，考えさせられたようです。

校長「それではA先生，明日Bさんのご自宅へ学級の状況や学級づくりに向けての考えなどを説明に行きましょう」
A先生「はい，わかりました。先生としての自覚をもって伺います」
校長「A先生を応援しますから，いつでも何かあったら校長室に来てください」

　A先生と家庭訪問することで，保護者との接し方，つまり，保護者へのあいさつ，間の取り方，子どもの拠り所，子どもへの心情理解なども校長先生が示すことができ，モデリングともなります。

②いつも「忙しい」と言う研究主任A先生へのコーチング

　A先生は校務多忙で，県からの研究指定校の引き受けにマイナスの感触を示しています。校長（教頭あるいは主幹教諭）としてコーチングを通した解決法を示してみます。

校長「A先生，昨日の会議お疲れさまでした。最近，先生方はいかがですか？」。
A先生「ただでさえ忙しいと思っている先生が多いのに，研究指定なんか引き受けてしまったんですね」

校長「確かに忙しいと思います。それでも先生方は頑張ってくれていますね」
A先生「私たちは時間的にも全く余裕はありません。時には教室に見に来てくだされればと思います」
校長「そうかも知れませんね。わかりました。できる限り時間をつくって教室に行くようにします。A先生，今，何か気にかかっていることはありますか？」
A先生「やはり，やるべきことが多すぎて，研究発表のための会議の時間もとれないことです」
校長「やるべきことが多い。確かにそうですね。A先生ですから，相談したいのですが，もし会議の時間をつくれたとしたら，4ヵ月後の研究発表大会をどのようにしたいと思いますか？」
・A先生「……折角，実施するのでしたら，現在の取組みを生かして，全体の授業力の向上を図りたいです。そこに我が校の特色もアピールできたらなおいいですね」
校長「よいアイデアですね。学校の先生力，組織力も変わってきますね」
A先生「はい。児童の興味，関心，思考力，判断力なども高まると思います。保護者も学校の姿に理解を示してくれるはずです。忙しさのなかにも，先生方の自信，チーム意識につながるのではないでしょうか？」
校長「A先生のお話を聞いて，職員室もアクティブになる気がしますね。それを現実化するために今，阻害となっていることは何でしょうか？」
A先生「実は時間がある先生もいると思うんですが，やはり時間がないことです。いつも頑張っている人は同じ人のような気がします。これまでこの問題はそのままもやもやになっていると思います」
校長「もやもやになっているわけですね。何をしたらうまくいくと思いますか？」
A先生「うーん。よく考えてみれば，この研究発表会の機会をプラス思考で，役割分担できるかもしれませんね。会議で決められると思います」
校長「私としても何かサポートできることでしたら，どうぞ言ってください」

A先生「次の会議に出席していただいて，校長から改めて研究指定校・研究発表の意義を先生方にもう一度話していただけますか？」

校長「よいアイデアですね，了解いたしました。この機会に学校力を高めるにはどうしたらよいか，あらためて各先生方のご意見を伺ってみたいと思います」

A先生「私も校長先生のおっしゃる通りと思います。何とか，うまく行きそうな感じがして，気持ちが軽くなったようです」

　上記のケースから，課題は解決に連結していることがわかると思います。時間がとれない，管理職が見てくれない，役割分担の不公平，保護者の学校への不信などは，一挙に解決することも可能なのです。

　コーチングをする側も冷静に，ネガティブな言葉を使わず，相手を認め，心地良い会話のキャッチボールを通して，双方が親近感をもてることが大切だと考えます。

●引用・参考文献●
- 八尾坂修著『学校改善マネジメントと先生の力量形成』第一法規，2004年，pp.170-172
- 八尾坂修著『学校改革の課題とリーダーの挑戦』ぎょうせい，2008年
- 池田守男，金井壽宏著『サーバントリーダーシップ入門』かんき出版，2007年，pp.68-69およびpp.87-104。
- 河北隆子「"気づかせる"会話のポイント」，明里康弘「あなたは失敗したかも知れないけれど同じ先生として君の応援者ですよ」『先生のやる気を引き出すできる校長・教頭の言葉の魔法』教育開発研究所，2006年，pp.119-128，pp.176-179
- 伊藤守著『コーチング・マネジメント』ディスカバー21，2000年
- 榎本英剛著『部下を伸ばすコーチング』(改訂版)，PHP研究所，2012年
- 鈴木義幸著『コーチングが人を活かす』ディスカバー21，2000年
- 金井嘉宏著『変革型ミドルの探究』白桃書房，pp.87-104

COACHING

第17章

人を信じて

Kaoru Harada

1 期待すれば人は伸びる

　ピグマリオン効果については皆さんもよくご存じでしょう。アメリカの教育心理学者，ローゼンタールが発表した心理学用語のことで，「期待すれば子どもは伸びる」ことを実験で示したものです。

　実験ではアトランダムに選ばれた子どもを，先生が期待をかけた子どもとそうでない子どもに分けて観察をした結果，二つのグループの成績の伸びに明らかな違いが見られたということです。このことから，他者への期待がその後の成長を決定づける要因の一つになると考えられています。

　このように，期待することによって，相手もその期待に応えるようになる現象をピグマリオン効果と呼んでいます。このような効果が起こる理由として，ローゼンタールは，人は常に相手の期待に対し最も敏感に反応するから，と説明しています。

　この結果を丸々信じることは難しいかもしれませんが，ただ一つ言えることは，子どもに対して期待をもち，その子の長所を伸ばそうという温かい態度で接していれば，子どもも自分にあった望ましい方向に伸びていく可能性がある，ということです。

2　指示は「一度に一つ」

　相手になんらかの行動をさせる時，つい欲張ってあれもこれもと一気に求めてしまっていないでしょうか。大人であっても，三つ四つの仕事を同時にこなすのは難しい時がありますよね。

　筆者（原田）は，中学生の時にテニス部に入っていました。コートで練習をする時に，上級生からあれこれアドバイスを受けるのです。「腰が回っていない」「打点が後ろすぎる」「ラケットの面が曲がっている」「手だけで打っている」「重心の移動ができていない」などなど。

　すべてを覚えていませんが，まだまだ他にもあったかもしれません。ボールを一球・一球打つたびにいろんなアドバイスが飛び交うのです。頭の中はパニック状態でした。

　コーチングを学び始めて最初に読んだ本が，ティモシー・ガルウェイの「インナーゲーム」でした。この本は，今ではコーチングのバイブル的な存在になっていますが，もともとテニス選手だったガルウェイが，コーチになって書いたテニスの指南書です。ガルウェーはどのようにテニスの指導をしたのでしょうか？

　これは実際に彼から指導を受けた人からの話ですが，若いころに一度テニスの経験をして以来，テニスが苦手になってしまった人が，ガルウェイの指導でボールが打てたという体験談です。まず，コートでボールが飛んでくるあたりの場所に立ちます。ボールが飛んできて，コートでバウンドするのに調子を合わせて「バウンド・ヒット，バウンド・ヒット」と言いながらボールを打つのだそうです。

　ただそれだけですが，このやり方でラケットにボールが当たって，相手側のコートにボールを返せるのだそうです。ボールの動きを見ながら言葉に出して打つ，こんなシンプルな方法で機能するのです。

　いいえ，シンプルだからこそ余計なことを考えずに集中できるともいえます。

口に出してボールだけに意識を集中することで,「当たるかなぁ」「フォームは正しいだろうか」などという余計な考えに振り回されなくて済むのです。相手にある動きを覚えさせようと思ったら,ある一点に的を絞って,一つのことに集中させることが結局早道なのだといえます。

「指示は一回に一つ」は,特に低学年の子どもであればなおさらでしょう。もちろん個人差,集中力の差もありますが,特に指導者側から見て指導が必要だと思える子どもにとっては,一度に複数の作業をこなすことは難しいものです。

一人ひとりに対応した優先順位をつけて,一つひとつできることを増やしていくことが指導する側にとってもストレスが減りますし,指導される子どもにとってもわかりやすく,達成しやすいものです。

一つひとつ具体的な行動ができるたびに,先生から認められて自信がつきますし,やる気を出すこともできます。一度に多くの挑戦をして一つも達成できないのではなく,「一度に一つずつ」を確実に達成させることを実践してみてはいかがでしょうか。

3 「すみません」より「ありがとう」

コーチングのクライアントで,30分のセッションの間に何度も「すみません」と言う人がいました。それがあまりにも気になって,筆者はこう言ってしまいました。

「わたしはあなたに「すみません」と言ってもらうようなことは何もしていませんし,言われると気が重くなります。普段から「すみません」ということが多いですか？ もしそうなら,一つ提案していいですか？ 『すみません』と言いたくなった時は『ありがとう』と言ってみませんか？」

このクライアントさんは,筆者からこう言われるまで自分の口癖に気づいていませんでした。

たとえば,あなたはバスで席を譲ってもらった時に「すみません」と言っ

ていますか？　それとも「ありがとう」と言っていますか？
　「すみません」と言う時の表情をイメージできますか？　おそらくうつむき加減で，申し訳なさそうな表情になっているのではないでしょうか？
　では，「ありがとう」と言うときの表情はどうでしょうか？　相手の顔を見てニコニコしながら言ってますよね。
　では逆に，あなたが席を譲って何か言われた時のことをイメージしてみるとどうでしょう。取り立てて申し訳ないことでもないのに「すみません」と言われるのと「ありがとう」と言われるのと，どちらが気持ちよいでしょうか？　言うまでもないことですね。
　世の中の「すみません」は，たいていの場合「ありがとう」で置き換えられます。先ほどのクライアントさんは「すみません」を「ありがとう」に置き換えたことで，人間関係の悩みや抱えていた問題の多くを解決してしまいました。何よりも，声や表情が明るくなったこと，そして言葉を変えるということが心の状態も変える力を持っているということを示してくれました。
　言葉の持つ力は私たちが思っている以上に大きく影響力があります。ご自分の普段使っている言葉を，一度見直してみてはいかがでしょうか。
　「ありがとう」は，よい意味で伝染します。言われた人もまた別の人に「ありがとう」が言えるようになります。我が家では，私が「ありがとう」を繰り返すうちに，気持ちはあっても，なかなか「ありがとう」を言ってくれなかった家族が言ってくれるようになりました。我が家では実証済みなのですが，よろしければ，みなさんもぜひ実践してみてはいかがでしょうか。

4　効果的な叱り方

　あなたは失敗した時に，どんな言葉をかけてもらえると，元気や勇気をもらえるでしょうか？　ほとんどの人は，決してわざと間違えたり，好んで失敗するわけではありませんね。そういう時に「次はうまくやるぞ！」と思える言葉がけとはどんなものでしょうか？

実は私自身，コーチングを学ぶまでは子どもたちに一度ならず感情に任せて怒ったことが何度もあります。怒っている時は，周りが見えていないので何とも感じないのですが，その後の気恥ずかしさや，自己嫌悪感は今思い返しても穴があったら入りたい思いに駆られます。

　とはいえ，子どもたちが大きくなってから思い返すと，本当に叱らなければならないことは，あまりなかったようにも思えるのです。その時の親の側の都合で叱っていたことが多かったと改めて感じます。

　第5章でふれた「承認」以上に，セミナーや講座では「叱ること」の難しさについて多くの質問が寄せられます。

　ここでは，叱ることについて考えてみたいと思います。携帯電話やパソコンが普及して，メールやSNSなどのネットコミュニケーションを使う事が多く，直接人とコミュニケーションを取ることが苦手な若者が増えているようです。

　一方，就活で企業側から求められるスキルのナンバーワンは「コミュニケーション能力」です。こういう若者にどう伝えれば，こちらの叱りたいことがきちんと伝わるのでしょうか？

　叱ることについての注意点を二つ挙げたいと思います。
　①叱る側に内的基準（軸）を確立する。
　②叱られる側が受け入れやすい伝え方をする。

（1）叱る側に内的基準（軸）を確立する

　あなたは叱る時の内的基準（軸）を持っていますか？　駅で電車を待っている時，街中を歩いている時，多くのお母さんに見受けられる特徴的な叱り方があります。

　それは「叱る」というより，感情的に「怒る」という感じのものです。子どもは親がどれほど感情的になっているかちゃんとわかっています。

　ただ，幼くて力もないので，黙って聞いているだけです。親が叱っているのは，叱ることそのものが目的ではないはずです。やったことに対して怒る

親がほとんどで,「やるべき行動」を冷静にきちんと伝えられている親は残念ながら非常に少数です。

親は叱っているつもりですが,子どもは叱られていることをきちんと受け止めているでしょうか?「いったい自分は何をどう行動すればよかったのか」きちんとわかっているでしょうか?

どのように叱ればよいかをお伝えする前に,一つお尋ねします。あなたは子どもに対して,「前もって何をしたら叱るか」を明確にし,それを伝えていますか?

基準は明確でなければなりません。明示されたルールを守ったかどうかで叱ると,叱られる側は受け入れやすくなります。

例えば,「8時30分までに登校」というルールがあるとするとします。それは「8時30分までに,席についてかばんから教科書を机に収め,授業が始められる状態にいる」ことを言うのか,あるいは「8時30分ぴったりに,教室に着いてドアをガラッと開けて入った状態」を言うのかを明確に決めておくことが必要です。「何をもって遅刻と言うのか」をはっきりさせておくということです。

遅刻時間の多い少ないで叱り方が違ったりすると,子どもの中で不公平感が生まれます。きちんとした基準に照らし,叱り方は同じように行うのが公平ということです。

(2) 叱られる側が受け入れやすい伝え方をする

ではどうやって,叱られる側が受け入れやすい伝え方にすればよいでしょうか? 以下が叱るポイントです。

①行為と人を分ける。
②「一緒に解決しよう」を伝える。
③感情的にならない。
④アイメッセージで相手に伝える(アイメッセージとユーメッセージについては第5章3を参照ください)。

⑤NGワード

NGワード	リスクとポイント
「べき」	「〜すべき」は言われた人にとっては，義務感ややらされ感の強い言葉です。押し付けられた気持ちから，叱られたことを素直に受けとれないおそれがあります。
「また」「いつも」「何度言っても」	こういう感情的な言葉は，習慣になっていることが多いようです。相手を叱る前にまず自分のネガティブな口癖を振り返ってみましょう。こういう言葉をあなたはこれまでに何度使いましたか？　それで効果はありましたか？「何度やってもうまくいかないなら，（何でもいいので）何か別の方法を試してみませんか？」
「前も」「前から（思っていたんだけど）」	「前から思っていたんだけど，あなたって○○だよね」と言われたことはありませんか？　そういう時はどんな感じがするでしょうか。「なぜ，その時に言ってくれなかったの？」そんなことを言いたくなりませんか？　もしこういう口癖がある人は，気づいた時に内的基準に沿ってその場で叱るべきです。

5　自分の考えを人に伝える力

　嫌なことや相手にしてほしくないことがある時に，子どもたちは相手にそれをどう伝えているでしょうか？　それをきちんと伝えることが大切だと子ども自身がわかっているでしょうか？

　実はこの「きちんと伝える」ことは，大人でも難しいと感じている人は多いようです。「きちんと伝える」ことは，コミュニケーションを円滑に進めるために大切なことです。

　コミュニケーション講座や研修などでは，「どう伝えればよいか」に関しては質問の多いところでもあります。この理由については以下のようなことが考えられると思います。

日本の子どもたちは幼い頃から「自分の考えや感じていることを相手にきちんと伝える」というスキルを学んでいないのが大きな原因ではないでしょうか？
　なぜこの点について触れるかというと，筆者が長年携わってきた英語指導と関連性があるからです。私は英語を指導する側であると同時に，海外の方たちと触れ合う機会が多いので，ネイティブから英語を学び続けています。そういう状況を通じて，日本人の自己表現力が大変弱いという事を常々感じているからです。
　欧米の子どもたちはインタビューを受けた時に自分の考えや感じたことを述べた後，「なぜなら」と一言つけ足して理由を言っている場面をよく見ます。これらは，幼い頃から家庭内や周りの環境の中で，「自分の考えに根拠を挙げて述べる」ことを学びながら育っているからです。
　では，私たちはどうすれば相手にきちんと伝えられるようになるでしょうか？　コーチがコーチングで使っている伝え方の手法として「フィードバック」があります。「フィードバック」は最近「感想」という意味で捉えられることが多いようですが，もともとの意味は異なります。
　ジーニアス英和辞典によれば，

【電気】フィードバック，帰還：電気回路の出力の一部を入力側に返還すること：自動制御に用いる
【生物・心理・社会】フィードバック：ある行動の結果が初期の目的とずれている場合，そのずれを少なくするように活動を修正すること

　ここで説明されているように，コミュニケーションで使われるようになった「フィードバック」というのは，自分がどう思った，どう感じたという感想を伝えることではないのです。
　クライアントがセッション中にどういう状況になっているのかを，コーチ側の感情や感じかたを含めずに伝えるのがフィードバックです。「クライアントの鏡になる」と表現してもよいでしょう。

クライアントが「職場で周りの人を明るくする存在になりたい」と言っているにもかかわらず，その時に覇気のない憂鬱な顔で言っているのを鏡で見れば自分の状態に気づきますね。

つまり，顔色のすぐれない元気のない相手には，「顔色が悪いですね」「元気がないようですね」いつものスピードで仕事が進まない人には「今日は仕事がはかどっていないようですね」というように，事実を相手に伝えるのです。「この事実を伝える」スキルを使って，自分のことを相手に伝えるよう心掛けると，相手の気持ちを害することなく，自分がどう思っているのかを伝えられるようになります。

もし，教室で授業を邪魔する行為があった場合，本来ならばそのことで迷惑を被るのは子ども自身なのですから，「○○ちゃん，先生の声が聞こえないから静かにしてほしい」と周りの子どもが，きちんと事実を相手に伝えられる力をつけることが大事なのではないでしょうか。

その時絶対にやってはいけないことは，その子の「行為」＝「静かにする」のみについて伝えることであって，その子自身を「問題児」にしないことです。

先生一人が注意を与え，叱るのではなく，クラス全体で「みんなでどうすればよいか」というメッセージを伝え続けることが必要なのではないでしょうか。

6　量が質を凌駕する

コーチングは特別なスキルではありません。世の中には「相談しやすい人」「よく話を聞いてくれる人」「話していると不思議と解決策が見つかる人」というような，もともとコーチング的なアプローチのできる人が多くいます。

ですからコーチングは，相手が自分の中にある可能性に自ら気づいて，動けるように手助けするための「おしゃべり」だと筆者は捉えています。決して特別なスキルを使って「コーチ」が相手を「導く」とか「改善する」とい

うようなものではありません。コーチとしての根底になるものさえ間違えなければ，スキルは何とでもなります。

　大事なことは，回数をこなすことです。野球では「100本ノック」とか，テニスでは「素振り100回」とか，それぞれ練習の仕方があるように，「聴く」にしても「承認する」にしても，回数をこなさなければ上手にはなりません。

　何十回，何百回，何千回と練習するうちに，ある時考えなくてもふ〜っと「自然にできる」ようになる時が来ます。量が質を凌駕した時です。この言葉の意味は誰でも知っていますが，体感するには実践するしかありません。

　これを体感できた時に初めて，「あ〜，これがコーチングか！」と納得できるのです。読者の方にその日が早く来れば来るほど，早く変化を起こす子どもたちが増えるのだと信じています。

7　メンタルブロックを解いて

　メンタルブロックという言葉を聞いたことがあるでしょうか？　『できない』と自分で勝手に決めつけて，チャレンジすらしなくなってしまうことです。

　何かにチャレンジしていると，どうしても思い通りにいかなかったり，うまくいかなくて諦めてしまいたくなる時があります。

　一度チャレンジして失敗すると，

「自分にはできっこない……」

「あの人は特別なんだ……」

　こう思ってしまうことってありませんか？

　昔，筆者は大変自信のない人間でした。何か少しハードルの高い仕事があると，「大丈夫かな？」「私にできるかしら？」「失敗したらどうしよう」という思いがすぐ頭に浮かんでいました。

　そんなことを思っていた時に，『鎖につながれた象』という話を知りました。

　この話を聞いて，人は誰しも『鎖につながれて生きているんだ』と気づく

第17章　人を信じて

ことができました。

　それ以来，何が起こっても「大丈夫」と思えるようになりました。そう思えるようになったのも，この物語のおかげなのです。

　象はたいてい，ほんの小さな杭にクサリで繋がれています。象にとってほんの少しの力があれば小さな杭など引き抜けるはずなのに，なぜその杭から逃げようとしないのでしょうか。それは，象が小さいころ，杭につながれて押したり引いたりして逃げようとしたけれど，逃げることはできなかったという体験からきているのです。やってみたけどできなかった。しまいに，自分の無力さを認めて努力をしなくなってしまった。その結果，大人になって十分に杭を抜く力を持っているにもかかわらず，挑戦する気力がうせてしまっているのです。「やっても無駄だ，どうせできない」と。

　この寓話はそういう象のお話です。以下はお話の一部です。

　遠い過去，一度だけ，子供の頃に試してみてできなかった。ただそれだけで，私たちは山ほどのことを"できない"と思いながら生きている。あの象と同じように，記憶の中にひとつのメッセージを刻み込んでしまったんだ。"できない，今もできないし，これからもずっと"とね。このメッセージを自分自身に埋め込んだまま大きくなったから，もう二度とその杭から自由になろうとしないんだ。
　　　　　　　出典：ホルヘ・ブカイ著『寓話セラピー　目からウロコの51話』

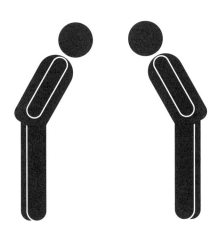

さて，いかがでしたか？　自分に自信がない，自己肯定感が低い子どもたちはみな，何かしらの杭に足をつながれて，自分の可能性を制限しています。そういう子どもたちが自分の杭に気づき，自らその杭を抜くことができる手助けがコーチングでできたらと思っています。そして誰よりも，子どもたちの指導をされる先生方が自らの杭を抜いてチャレンジしていただけたらと願っています。

●引用・参考文献●
・野津浩嗣著『人がおもしろいように育つホメシカ理論』梓書院，2014年
・ホルヘ・ブカイ著，麓 愛弓訳『寓話セラピー――目からウロコの51話』めるくまーる，2005年

あとがき

 このたび『教師のためのコーチング術』という本書をまとめることができました。出版しようと思ったきっかけは以下のようなことからです。
 私の大学（九州大学教育学部）では，毎年公開講座として学校管理職短期マネジメント研修を毎年継続して実施してきました。2015年度で10年になります。
 その際，講師として原田かおる先生に『コーチングスキルⅠ・Ⅱ』を長年お願いしてきました。原田先生はコーチングの専門資格を有し，多方面で活躍されています。本書にも多くのコーチング事例が入っておりますが，豊富な情報を提供してくださっています。
 2015年7月にも講師を担当してくださったのですが，その時，片山紀子先生（京都教育大学大学院）も傍聴されており，原田先生のご講演後，食事をすることとなり，意気投合してコーチングに関する本を出版することを決めたのです。
 片山先生は，子ども指導論が専門であり，私の研究者としての最初の教え子でもあったため，共通理解も早かったのです。そのようなわけで，3人で執筆にとりかかることになりました。全体の編集の面では，代表である片山先生が念入りに取り組んでくれました。三人の文章構成等を体系的にまとめることの労苦があったと思います。
 私（八尾坂）は，これまで学校改善や教員制度に関わる研究らしき作業を行ってきました。近年，リーダーシップを発揮する上で，コーチング・スキルは密接不離なものと考えるようになってきました。
 管理職やミドルリーダーが，教職員の自己啓発力を高めたり，保護者との信頼構築を高めたりする上で，コーチング・スキルの存在が大きな影響力を及ぼしているからです。私自身も学生さんとコミュニケーションを図る時，コーチング・スキルを心得ておけばよかったと，省みることがありました。

管見しますと，教育関連図書でずばりコーチングに関わる図書はほとんど見当たりません。しかし今や全教職員にとってコーチングマインドは必須といえましょう。
　私はこれまで㈱ぎょうせいから，単著2冊『現代の教育改革と学校の自己評価』『学校改革の課題とリーダーの挑戦』を刊行しています。そんなこともあり，本書の刊行を快くお受けていただいたのではないかと感謝しております。誠にありがとうございました。

　　2016年4月

　　　　　　　　　　　　　　　　　　　　　　　　　　　八尾坂　修

■著者紹介

八尾坂 修●やおさか・おさむ　　　　　　　　　　　　　［第16章］

九州大学名誉教授。著書に『学校改革の課題とリーダーの挑戦』(ぎょうせい)、『アメリカ合衆国教員免許制度の研究』(風間書房)、『学校開発力と人（ひと）』(ジアース教育新社)、『教員免許更新制度』(明治図書) ほか。

片山紀子●かたやま・のりこ　　　　　　　　　　［第1章，第11章〜第15章］

京都教育大学大学院 連合教職実践研究科 生徒指導力高度化コース 教授。
著書に『新訂版 入門 生徒指導』(学事出版)、『アメリカ合衆国における学校体罰の研究』(風間書房) ほか。

原田かおる●はらだ・かおる　　　　　［第2章〜第10章，第13章，第15章，第17章］

国際コーチ連盟認定コーチ。コーチングを活用した人材育成研修指導。英語基礎学力指導。

教師のためのコーチング術

平成28年5月10日　第1刷発行

著者　八尾坂 修・片山紀子・原田かおる
発行　株式会社ぎょうせい
　　　〒136-8565　東京都江東区新木場1-18-11
　　　電話番号　編集　03-6892-6508
　　　　　　　　営業　03-6892-6666
　　　フリーコール　0120-953-431
　　　URL　http://gyosei.jp
〈検印省略〉

印刷　ぎょうせいデジタル㈱
乱丁・落丁本は、送料小社負担にてお取り替えいたします。
Ⓒ2016 Printed in Japan
禁無断転載・複製

ISBN978-432-4-10138-4 (5108240-00-000)　［略号：教師のコーチング］